Johann Heinrich Tieftrunk

Einzigmöglicher Zweck Jesu aus dem Grundgesetze der Religionen entwickelt

Johann Heinrich Tieftrunk

Einzigmöglicher Zweck Jesu aus dem Grundgesetze der Religionen entwickelt

ISBN/EAN: 9783743685574

Hergestellt in Europa, USA, Kanada, Australien, Japan

Cover: Foto ©Lupo / pixelio.de

Weitere Bücher finden Sie auf **www.hansebooks.com**

Einzigmöglicher

Zweck Jesu

aus

dem Grundgesetze der Religion

entwickelt,

von

Johann Heinrich Tieftrunk,

Professor in Halle.

Zweite verbesserte und vermehrte Auflage.

Berlin, 1793.

Im Verlage der Königl. Preuß. akademischen Kunst- und Buchhandlung.

Erster Abschnitt.

Ueber Verbesserungen, Titel und Inhalt dieser Schrift. Erklärung über vorgebliche Sektirerei. Ideen.

Die Verbesserungen und Vermehrungen in dieser zweiten Auflage betreffen nicht sowohl die Hauptsache und Grundidee, welche in dieser Schrift durchgeführt wird, als vielmehr weitläuftigere Auseinandersetzungen, nähere Erklärungen und gelegenheitliche Hinsichten auf Urtheile und Einwendungen, welche von achtungswerthen Männern hin und wieder gemacht und mir zu Gesichte gekommen sind.

Im Ganzen genommen sind meine Grundsätze und Ueberzeugungen noch dieselben und ich finde keine Ursache, von ihnen etwas abzunehmen oder hinzuzuthun, nicht als wenn mich Eigensinn oder Dünkel beherrschten, welche einem Freund der Wahrheit eben so unanständig sind, als sie die schuldige Achtung gegen ein denkendes Publikum verletzten; sondern weil ich alles wohl überlegt habe, und durch anhaltende Nachforschung und Beihülfe so vieler vortreflicher Schriften unsrer Zeit zu gewissen Principien vorgedrungen bin, die ich so lange für unwandelbar und fest halte, als sie durch ein ähnliches Geschäfte entweder gänzlich umgestoßen, oder doch in ihren wesentlichen Theilen berichtigt sind. Ich achte aber dafür, daß sie nie umgestoßen werden können, weil sie mit der Vernunft selbst stehen oder fallen. Gleichfalls findet keine Berichtigung in ihren wesentlichen Theilen statt, weil sie eine Einheit haben, die entweder ganz so, wie sie ist, bestehen muß, oder durch die geringste innere Veränderung aufhört, das zu seyn, was sie ist.

Es wird demnach, wie ich dafür halte, der Sache nur so beizukommen seyn, daß man entweder die Principien selbst angreift und umstößt, oder, wenn dies nicht gelingen sollte, die Anwendung derselben prüft und zeigt, ob ich in der Subsumtion, welche eine Sache der Urtheilskraft ist, gefehlt habe oder nicht.

Aller Achtung gegen meine scharfsinnigen Beurtheiler unbeschadet muß ich hier gestehen, daß mir bis jetzt noch nichts vorgekommen ist, wodurch das Eine oder Andere ganz evident geworden wäre; wodurch entweder die Grundsätze wankend gemacht oder der Gebrauch

brauch derselben eines offenbaren Fehltritts der Urtheilskraft bezüchtigt wäre. Man lege mir dieses ja nicht für Uebermuth aus. Ich bin dem Publikum dieses Geständniß in so weit schuldig, als es selbst die Erwartung hegen könnte; ob nicht vielleicht die Zeit bei mir eine andre Ueberzeugung hervorbringen und ich selbst von dem etwas zurüknehmen würde, was ich bei der ersten Ausgabe mit so vieler Zuversichtlichkeit und beinahe scheinbarer Anmaßlichkeit äußerte. Zugleich muß es jedem Freunde der Religion und der scharfen Untersuchung auch als Erfahrungssatz angenehm seyn, wenn sich bei einem Verfasser, der sich selbst die strengste Rechenschaft in seinen Behauptungen zu geben und zu wiederholen gewohnt ist, in der Hauptsache nichts geändert hat. Solche Wahrnehmungen begründen wenigstens ein gutes Vorurtheil für die Sache, im Fall die Beharrlichkeit keine andre Stütze als die der Ueberzeugung und diese keinen andern Grund hat, als den der Einsicht aus Principien.

Bei dieser meiner Beharrlichkeit in der Hauptsache, sey es demnach weit von mir entfernt, daß ich die Erinnerungen scharfsinniger Männer aus der Acht lassen oder für unnütz erklären wollte; ich habe sie vielmehr gern gelesen, habe sie hin und wieder sehr treffend und gründlich gefunden, habe von ihnen gelernt und werde im Verlauf dieses Werks diejenige Rücksicht darauf

auf nehmen, welche meine Dankbarkeit gegen sie erheischt und der Sache förderlich ist. Mir ist in Sachen der geheiligten Wahrheit nichts willkommener, als unschonende Beurtheilung und humane Belehrung. Je triftiger, je treffender ein Einwand, desto willkommener ist er mir, desto erspriesicher für die Sache. Einen für wahr gehaltenen Satz wiederlegen, heißt der Wahrheit schon auf dem halben Wege entgegen kommen. Nur wünsche ich, daß es allemal mit Artigkeit und einer, dem Freistaate der Gelehrsamkeit anständigen Eleganz geschehe; und da doch einmal jetzt die Zeiten der Umwälzungen und Wiederumwälzungen sind, so wäre es im Reiche der Gelehrten wohl eine wünschenswerthe Revolution, wenn mit dem Ende dieses Jahrhunderts gleichsam durch einen lauten oder stillen Vertrag alle unanständige Angriffe, die auf Person und Ehre gerichtet vor der eigentlichen Sache vorbei treffen, aufhörten, wenn die spekulative Vernunft nun auch praktisch würde und wir mit der Ehre aus diesem Sekulum schieden: „Treu sich den Künsten weihn, macht unsre Sitten mild und lehrt uns menschlich seyn."

——————

Die Ueberschrift dieses Buchs hat Manchem zu anmaßend geschienen. Ich will diesem Vorwurfe be-

geg=

gegnen, da ich dabei zu einigen Erläuterungen der Sache Gelegenheit habe.

Mit dem Titel ist's mein ganzer Ernst; und er soll grade auf die Absicht und den Inhalt der Schrift hindeuten.

Man gesteht dem Jesus von Nazareth allgemein einen Zweck zu; nur in der Bestimmung dieses Zwecks, welchen er gehabt haben soll, denkt und urtheilt man sehr verschieden, und diese Verschiedenheit zeigt sich durch mannigfaltige Schattirungen und Abstufungen, vom niedrigen Leichtsinn bis zum erhabenen Ernst, von der blinden Bigotterie bis zur geistigen Anbetung.

Zwischen den Endpunkten dieser Extreme liegen die mannichfaltigen Hypothesen, einander mehr oder minder verwandt, wie in der Mitte und nach Maßgebung derselben erscheint dieser Jesus bald als einfältiger Frömmler und schwacher Enthusiast, bald als verkappter Heuchler und gewitzigter Thaumaturg; bald als religiöser Faktionist, bald als Aufwiegler des Volks; dem Einen als selbstsüchtiger Usurpator, dem Andern als heiliger Bote des Höchsten; — dem Einen meistert er bloß am Judenthum, dem Andern lehrt er Deismus, einem Dritten Naturalismus, einem Vierten Keins von allen.

Man kennt die unglimpflichen Ausfälle des Fragmentisten, des Hierokles, Horus und die Versuche, theils

theils älterer theils neuerer Schriftsteller, wodurch der Plan Jesu mehr oder minder entstellt wird. Auch nach der Erscheinung der ersten Ausgabe dieser Schrift sagte mir Jemand: „er beklage, daß ich mich mit „der Darstellung eines Zwecks abgäbe, wo gar kein „Zweck je gewesen wäre; Jesus habe sich gelegentlich „mit den Juden überworfen und um diesen einen Possen „zu spielen, habe er nachher angefangen gegen ihre „Religion und Staatsverfassung zu predigen. Jene „aber hätten dieses übel verstanden und ihn dafür hin- „gerichtet." Wenn's dem so gewesen; so wäre denn doch ein Zweck da gewesen. Weiter will ich hierzu nichts sagen.

Ich muß gestehen, daß mir die große Uneinig- keit in Bestimmung der Absicht über eine Angelegen- heit, die nun schon seit beinahe zwei tausend Jahren Kopf und Herz so vieler Menschen beschäftigt, große Unruhe gemacht hat. Von einer Hypothese in die andere geworfen und immer mit neuen Schwierigkei- ten umringt, verließ ich endlich alle bezeichnete Wege; suchte mich in dem dermaligen Grade der Kultur, zu welchem mein Geist gediehen war, zu orientiren; nahm die bewährten Resultate der Philosophie, Auslegungs- kunst und Geschichte zu Hülfe und, um mir, wo mög- lich, in keinem Stücke selbst vorzugreiffen, erwog ich allererst: ob Jesus überhaupt wohl einen Zweck, ein

allge-

allgemeine fixirte Idee, gehabt haben könne oder nicht. Einen Zweck haben, heißt durch einen Begriff oder eine Idee von einem Gegenstande belebt werden, so daß diese Idee zugleich den Grund der Realisirung ihres Gegenstandes enthält. Es ist nicht bloß die Idee da, sondern sie hat auch Kausalität, sie wirkt und bringt den Gegenstand zur Wirklichkeit, welcher ihr entspricht. Nach solchen voraufgehenden Ideen zu handeln, ist etwas charakteristisches aller vernünftigen Wesen und in wie fern wir Jesum dafür halten, können wir auch ihm diesen Charakter nicht absprechen. Er muß nach kausalitäthabenden Ideen gehandelt haben, bloß weil er ein vernünftiges Wesen war.

Es ist nach diesem keinem Zweifel unterworfen, daß Jesus einen Zweck hatte, und es frägt sich nur, welchen unter allen möglichen er gehabt habe. Man kann diese Untersuchung sehr in die Höhe treiben und von möglichen Zwecken, und einem als dem letzten Zwecke (Endzwecke) aller vernünftigen Wesen überhaupt räsonniren; allein, da hier zunächst die Rede von einer Thatsache ist, so müssen die eigenen und authentischen Erklärungen der Person, auf die es ankömmt, gehört werden, und wenn sich kein, schon nach Principien und schulgerecht geordnetes, System vorfindet, so muß man die rhapsodischen Aeußerungen sammlen und vergleichen, um zu sehen, ob nicht eine allgemeinherrschende Idee darunter ist, nach und durch welche das Uebrige gleichsam organisirt werden kann.

Dieses muß mit Unbefangenheit und Ehrlichkeit geschehen. Man sucht allererst die Bedingung der Möglichkeit eines Ganzen, folglich muß man sich hier nicht durch ein schon vorliegendes und angenommenes Principium bestimmen lassen. Es muß mit gehöriger Behutsamkeit und nach einem genau gezeichneten Umrisse geschehen, damit man nicht mehr unternimmt, und sich für mehr verantwortlich macht, als man so eben auszuführen willens und vermögend ist. Für beides erkläre ich mich hier, so daß ich erstlich mit Ehrlichkeit auf nichts ausgehe, als das, was authentische Idee Jesu war; und ich diese zweitens hier nur so aufstelle und so weit verfolge, als sich darüber, nach vorhandenen ausdrücklichen Aeußerungen in der Schrift, philosophiren läßt. Meine Absicht ist daher gar nicht, ein ganzes Lehrsystem Jesu zu verzeichnen, sondern nur ein Principium derselben anzugeben, nach diesem die Grundlinien des Zwecks zu entwerfen und auf solche Art den unglimpflichen Witzeleien einen anständigen Ernst und den grundlosen Misdeutungen ein in sich bestehendes Räsonnement entgegen zu setzen. Es ist mir nur vorzüglich darum zu thun, zu zeigen, daß der üppige Witz umsonst seinen Stachel anläßt, daß die spitzfindigen Angriffe ihr Ziel verfehlen, und daß man

sich

sich vergeblich bemüht, die Ideen des Deismus und Naturalismus (wenn sich diese Systeme konsequent bleiben wollen) in die Lehrsätze Jesu zu versetzen. Dieses zu zeigen und der Frage über den Zweck Jesu eine ernstliche und aus dem Geiste seiner Religion geregte Richtung zu geben, Anstand und Gründlichkeit in die Untersuchung zu bringen, dem Geiste zu genügen und das Herz zu befriedigen, dies ist mein Wunsch und das Ziel meines Bestrebens.

Da es uns hier nicht bloß um Wahrscheinlichkeiten oder Muthmaßlichkeiten, sondern um Evidenz und Festigkeit zu thun ist: so darf die Untersuchung selbst nicht rhapsodisch angestellt, sondern muß methodisch eingeleitet und nach Principien ausgeführt werden. Dieses ist möglich, wenn in den authentischen Ueberlieferungen ein Principium entweder ausdrücklich aufgestellt wird, oder es sich doch aus denselben ohne Zwang abnehmen läßt. Da nun beides der Fall mit den Urkunden des Christenthums ist, so haben wir mit ihnen zugleich die Bedingung zu einer möglichen methodischen Behandlung der christlichen Lehre und Feststellung des Zwecks Jesu, in so weit dieser ein Gegenstand des Räsonnements seyn kann.

Zugleich ergiebt sich hieraus, daß es nun nicht bloß thunlich ist, einen Zweck auszumitteln, sondern diesen so zu bestimmen und zu charakterisiren, daß mit

der

der Darstellung des ausführlichen Begriffs innerhalb seinen Gränzen der Gegenstand vollkommen kenntlich wird und durch die Einsicht der Möglichkeit desselben alle andere Möglichkeiten zugleich ausgeschlossen werden.

Daher ist dieser Zweck nicht bloß möglich, sondern, in so fern nur dieser und kein anderer aus dem Principium abgeleitet und eingesehen werden kann, grade der einzige, welcher möglich bleibt. Er ist zugleich der höchste und unbedingte, und alle andere gehören entweder gar nicht zu ihm, oder sie müssen sich, wie Mittel und Nebenzwecke, an diesen **allgemeinen** und **Endzweck** anschließen, müssen von diesem erst ihren Gehalt und Werth erhalten.

Da sich nun zugleich findet, daß dieser Zweck so groß und erhaben, der höchsten Weisheit eben so würdig als der Menschheit wohlthätig ist, so sollte es mir leid thun, wenn irgend jemand zeigen würde, daß er nicht der des erhabenen Stifters der christlichen Religion gewesen sey. Meine ganze Ehrfurcht gegen Jesum hängt von dieser meiner Ueberzeugung ab und nur in diesem Glauben wünsche ich als ein aufrichtiger Christ zu leben und zu sterben. Wäre dies nicht **sein** Zweck gewesen, so würde ich mit einer wehmüthigen Seele, aber auch zugleich mit der festen Ueberzeugung von ihm scheiden, daß er es hätte seyn **sollen.**

Aber

Aber es hat mit dieser Sorge oder Möglichkeit keine Noth. Das Einzige, was wir zu unserer Sicherheit bedürfen, ist das Principium und die Gewißheit, daß es Jesus nicht allein geäußert, sondern es gradehin für das erste und vornehmste Gebot erklärt hat. Man gebe uns dieses und alles übrige schließt sich von selbst als nothwendige Folge hinten an.

Der Zweck Jesu, wie einzigmöglich nur der von uns aufgestellte ist, eben so zeigt er sich in einer solchen Ehrwürdigkeit, daß nicht allein der schnöde Witz oder unglimpfliche Spitzfindigkeit vor ihm zerstiebt, sondern auch der bescheidne Deist oder Naturalist gestehen muß, er finde hier mehr, als ihm sein eignes System gewähren kann.

Es zeigt sich ferner, daß das Principium des Christenthums von einem solchen innern Gehalte und allgemeinen Werthe ist, daß es jede mögliche Religionslehre annehmen und für das ihrige erkennen muß, wenn sie mit ihrem eignen Namen nicht kontrastiren will. Ja, sie ist in sich nur um so viel vollkommen, als sie sich demselben nähert und ihre Sätze aus demselben ableitet, oder an dasselbe anschließt. Daher konnte ich auf dem Titel sagen, daß der Zweck Jesu nicht bloß aus seinem eigenthümlichen, sondern gradehin aus dem Grundgesetze der Religion überhaupt entwickelt sey. Ein Umstand, welcher der christlichen Religion

gar

gar sehr das Wort redet, und allem Particularismus, welcher andern Religionssystemen so eigen ist, von ihr verbannt. Ein Vorzug, welcher nun dann erst recht eingesehen werden kann, wenn man sich entschließt, die Religionslehre Jesu systematisch zu bearbeiten; ein Geschäfte, das unsern Zeiten noch übrig gelassen zu seyn scheint und von welchem ich zuversichtlich hoffe, daß es einst allen religiösen Fehden ein Ende machen werde.

So viel zur Rechtfertigung der Ueberschrift dieses Buchs. Wir beabsichtigten demnach folgende Resultate:

- a) Nach einer voraufgehenden Idee, welche zugleich den Grund der Realisirung ihres Gegenstandes enthält, handeln, heißt einen Zweck haben. Jesus hatte einen Zweck.

- b) Ist die Idee ein Principium, so ist der Gegenstand, welcher demselben entspricht, ein unbedingter oder End-Zweck. Jesus äußert ein solches Principium, folglich hatte er einen Endzweck, auf welchen sich alle übrigen, wie Mittel, (bedingte Zwecke) beziehen.

- c) Eine unbedingte Idee (Principium) ist eine Einheit und der ihr entsprechende Gegenstand ein Einziges; folglich ist unter allem Möglichen auch nur ein Einziges, welches der Idee gemäß be-

absich-

absichtigt und realisirt werden kann. Jesus äuſ-
ſert eine unbedingte Idee, der zu realisirende
Gegenstand derselben kann nur ein einziger ſeyn;
folglich ist der aus jener Idee entwickelte Zweck,
in so fern er aus derselben entwickelt werden kann,
auch nur der einzigmögliche Zweck Jesu.
Mit der gegebenen Idee steht der Zweck.

d) Da dieſe Idee von ihm als das Principium ſeiner Religionslehre angegeben wird, ſo iſt ein
Religionsſyſtem, aus dieſer Idee deducirt, der
zu realiſirende Gegenſtand, folglich ſein unbedingter Zweck; mithin iſt ſein Zweck nur aus
dem Principium ſeiner Religion zu entwickeln.

e) Da ſich ferner zeigt, daß grade dieſe Idee das
Grundgeſetz der Religion für alle Vernunftweſen
enthält, ſo iſt der Zweck Jeſu, aus dem Principium ſeiner Religion abgeleitet, zugleich der
Zweck aller Religion überhaupt, und das, was
zuerſt partikulär und Zweck Jeſu war, wird dadurch, daß es mit einem univerſalen Grundgeſetze zuſammenfällt, auch univerſal; der einzigmögliche Zweck Jeſu — aus dem Grundgeſetze
der Religion überhaupt entwickelt — wird der
einzigmögliche Gegenſtand für alle einer Religio-
ſität fähigen Weſen.

Ich

Ich muß es mir gefallen lassen, wenn Einer und der Andere meine Untersuchungen über die Religion theils zu tief angelegt findet, theils bei mir eine zu große Anhänglichkeit an einer gewissen philosophischen Schule wahrzunehmen glaubt. Was das Erstere anbetrifft, so glaube ich, daß das tiefe Räsonnement auch zugleich populär ist, zum wenigsten leicht dahin gebracht werden kann. Ich kann, um dieses zu beweisen, mich auf keinen besser berufen, als auf Jesum selbst und seine Bevollmächtigten, so oft sie die Simplicität ihres Meisters entweder selbst darstellen oder doch in ihrem Unterrichte beibehalten. Die Aeußerungen Jesu haben das Eigene, daß sie allgemeinverständlich und sinnreich sind, und zugleich das subtileste Räsonnement aushalten. Denn wenn wir zum Beispiel das Gebot Jesu, wie er es zuerst als Principium aufgestellt hat, in eine philosophische Sprache übertragen: so heißt es nichts anders als: handele aus und nach dem Gesetze der unbedingten Selbstthätigkeit als dem Willen des unendlichen moralischen Gesetzgebers und Herrn der Natur. Die unnachahmliche Simplicität Jesu ist und bleibt immer das Ziel des populären Vortrages; allein es erfordert die Angelegenheit der Religion, den geistvollen Sinn weiter zu entwickeln und den Lehrbegriff, so weit es angeht, in eine schulgerechte Form zu bringen, um so theils den scharf-

sinni=

sinnigen Einwendungen der Gegner begegnen zu können, theils auch den kultivirten Freunden Jesu zu genügen und zu zeigen, daß es keine Stufe der Ausbildung des Geistes gibt, zu deren Hoheit religiöser Stimmung das christliche System nicht angemessen wäre. Was das Zweite betrifft, so mag es wohl seyn, daß sich die Sprache der kritischen Philosophie durch ein langes Studium so in die meinige verwebt hat, daß ich ohne mein Wissen Ausdrücke und Redensarten gebrauche, welche Manchen schon darum nicht gefallen, weil sie von kritischen Philosophen gebraucht werden. Ich aber erkläre hier, daß ich keinem besondern Systeme ohne eignes Urtheil anhänge, nichts darum behaupte, weil es ein Andrer behauptet hat, und daß man mir sehr Unrecht thut, wenn man behauptet, ich wolle die christliche Religion nach kritischen Grundsätzen modeln. Dabei aber habe ich alle Achtung für jeden scharfen Denker, lese, lerne und bilde mich durch Schriften gründlicher Männer, und suche alles, was ich gut finde, zu verdauen und an meine Denkungsart zu reihen. Man nehme daher alles, was ich sage, für eine freie Bearbeitung meines Geistes, wofür ich selbst verantwortlich seyn will; es mag man anders woher entlehnt seyn, mit den Untersuchungen anderer Denker harmoniren, oder nicht.

B   Wenn

Wenn ich etwas Tiefgedachtes und Neues lese, so befällt und reißt dies meinen Geist auf eine ungemeine Art; ich trage es lange mit mir herum, entwickele es mir, bringe es in Verbindungen, schalte und walte damit so lange, bis ich es entweder aufgebe, oder so einsehe, daß ich es als mein Eigenthum betrachten kann. Wenn ich nun, der ich wahrlich die Schriften mehrerer und verschiedener Denker nicht mit Flüchtigkeit oder Eingenommenheit studirt habe, bei dem Einen mehr, wie dem Andern finde, welches mir aus dem ächten Grunde der Wahrheit abgenommen zu seyn scheint; wenn sich mit diesen unschätzbaren Gedanken auch Worte einprägen, die nur ihnen ganz eigenthümlich zu seyn scheinen: so muß man dies nicht als parthetische Anhänglichkeit meines Individuums, sondern als entschiedenen Vorzug des Gedachten überhaupt ansehen. Ich bin ein Feind aller Sektirerei und des Wortgankes; aber es ist nicht alles Sektirerei und Wortstreit, was so scheint und von Manchen so verschrieen wird; und es ist wohl mehr eine feine Manier, sich aus der Sache zu ziehen, als ernstlicher Fleiß um die Wahrheit, wenn man so gleich alles durch Worterklärung entscheiden will, wo es doch auf Sachen ankommt und wo öfters neue oder minder gangbare Ausdrücke vom gediegenen Sinne hervorgesucht und beibehalten werden müssen.

So

So weit ich zu sehen im Stande bin, ist jeder Anstrich von Sektirerei in der Philosophie und Religion noch ein Zeichen der Unvollkommenheit, die wahre Denker von sich zu entfernen bestrebt seyn müssen. Es gibt in beiden nur eine Idee, und ein, dieser Idee entsprechender Gegenstand, ein Ideal, dem sich jedes denkende Wesen zu nähern suchen soll. Alle wirkliche Systeme sind nur mehr oder minder vollkommne Kopieen des Urbildes; nur nach diesem muß man sein Augenmerk richten, nicht nach einer von jenen. Einer gewissen Parthei schwören, heißt seinen Bestrebungen zur Vollendung Maß und Ziel setzen. In der Philosophie aber überhaupt und in der Religiosität insbesondere gibts kein Ziel, das von den temporellen Demarkationen irgend einer Parthei eingeschränkt werden könnte, sondern beide enthalten etwas Unendliches, zu welchem die Klasse der unter menschlichempirischen Bedingungen existirenden Vernunftwesen immerfort anstrebt, es aber nie in irgend einer Epoche ihres Daseyns ganz erreicht. Jedes ausgearbeitete System der Philosophie ist nur ein Versuch, sich der idealen Vernunftwissenschaft zu nähern und zwischen dem Gebäude einer unter empirischen Bedingungen entstandenen Vernunfterkenntniß und dem möglichen Systeme der reinen Vernunftwissenschaft ist immer noch eine unendliche Kluft. Wir müssen immerfort systematisiren firen, ohne je zu glauben, das System schon erreicht zu haben. Zwischen der empirischbedingten und reinen Pflichterfüllung, wie auch Anbetung Gottes, ist eine unendliche Kluft; wir müssen uns immerdar bestreben, zur geistigen Religiösität emporzusteigen, ohne je zu glauben, hierin schon gantz vollkommen zu seyn. Mein Wunsch ist, zu dem Einen oder Andern, so viel ich kann, beizutragen, nie aber einer Sekte zu huldigen und der ins Unendliche gehenden Veredlung willkürliche Gränzen zusetzen.

Zwei=

Zweiter Abschnitt.

Allmählige Entwickelung der Religion. Unentbehrlichkeit derselben. Vollendung durch Christum.

Das Erste, was sich bei dem Menschen entwickelt, ist das Empfindungsvermögen, und man darf sich nicht wundern, daß auch die Religion, ob sie gleich eine ganz andre Quelle hat, zuerst auf Empfindung gegründet wird. Wenn sich Bedürfnisse zeigen, so macht der Mensch zuvor viele fehlbare Versuche, ehe er auf die wahre Quelle ihrer Befriedigung kömmt. Wie tief und wesentlich die Keime der Religion in der menschlichen Seele liegen, eben so stark und unaufhaltsam entwickeln sie sich, und irgend ein System der Religion wird dem Menschen, so bald er nur zu einiger Selbstthätigkeit des Geistes gelangt, so unentbehrlich, daß er lieber die kärglichsten Symbole und die scheußlichsten Mißgestalten derselben ergreift, als sie gänzlich aufgibt. Man hat sich zwar zu zeigen bemüht, daß der Mensch auch ohne Religion leben könne; allein

je

je mehr man die geheimen Regungen der Seele aufdeckt und ans Licht zieht, desto deutlicher wird man gewahr, daß die Religion ganz unentbehrlich und nothwendig ist. Das Gründlichste, was man dagegen liest, hält theils in der Theorie nicht die Probe, und wird theils durch die Erfahrung als Thatsache hinlänglich widerlegt. Selbst der entschlossenste Atheist, wenn es je einen ernstlichen gegeben hat, spürt doch noch immer eine innere Unbehaglichkeit, die, genau besehen, nur darin ihren Grund hat, daß sich seine Wünsche mit seiner Theorie überwerfen, und er etwas zu glauben Ursache findet, das mit den Resultaten seiner Hypothese im Widerspruche steht. Es ist auch ganz vergeblich, den Menschen je ohne Religion zur Ruhe zu stellen. Sich hierüber den Kopf zerbrechen, ist mehr unnütze Arbeit, als fruchtbare Untersuchung. Wer nicht bloß empfindet, sondern denkt; nicht bloß begehrt, sondern auch will, hat auch nicht bloß Bedürfnisse der Natur und Regungen des niedern Begehrungsvermögens, sondern auch Bedürfnisse des Denkens und Willens. Nun mag ich jemanden noch so sehr überreden, daß er bloß denke, weil er empfindet, bloß begehre, weil er will; so wird er mir immer antworten: nein, ich denke mehr, als ich empfinde, will mehr, als ich begehre; ja, meine Begierden stehen sehr oft mit meinem Willen im geraden Widerspruche; ich wünsche

und

und will etwas ganz anders, und mehr, als mir Empfindung und Begierden gewähren können. Kurz, jeder Mensch fühlt ein höheres praktisches Interesse, als das, was auf Empfindung beruht, und höheres Theoretisches, als das, was bloß die Empfindung bewirkt. Kann sich nun gleich nicht jeder Mensch, besonders der gemeine und ungebildete, dieses dunkle Gefühl verdeutlichen, auf reine Begriffe bringen und auf Principien zurück führen, so wirkt es doch in ihm, und ist das, was ihn zur Religion führt; diese mag anfänglich so kärglich oder widersinnig seyn, als sie immer will.

Die ersten Schritte zur Religion geschahen immer unter den Augen und Trieben der Politik. Diese ergriff die Gelegenheit, nutzte die Geneigtheit und Willfährigkeit der Gemüther, und verwebte die Religion so sehr mit ihrem Interesse, daß es noch Vielen ein Problem ist, die Gränzen dieser beider Wesen aufzufinden, und den Scheideweg anzugeben, von wo einer jeden ihr Gebiet anhebt.

Da überdies die Religion viel eher aufkömmt, als der Mensch im Stande ist nach Principien zu verfahren, so läßt sich leicht abnehmen, daß sie gleich und uranfänglich aus sehr heterogenen Elementen zusammen gesetzt worden sey. Man bekümmert sich nicht um den Boden, sondern denkt bloß darauf, ein Gebäude zu errichten. Um diesem Haltbarkeit und Ansehen zu geben, bringt man so viel Stützen und Pfeiler, so viel Verzierungen und Nebendinge an, daß man vor allem Gerüste und Zierrath nie bis zum Innersten gelangen kann. Es gesellen sich mit der Zeit so viel Nebenabsichten zur Religion; sie bekömmt so viel Macht und Gewicht in Dingen, die sie nicht kennt; verwebt sich endlich so sehr ins ganze menschliche Leben, daß ohne sie kein Schritt gethan werden kann, er mag auf Heil oder Unheil ausgehen. Diese innige Verwebung der Religion mit der Politik und so mancherlei irdischen Neigungen, gründet einen steifen und unnachsichtigen Dogmatismus. Eingriffe in die Religion sind zugleich Eingriffe in den Staat; sie stehen beide für einander, und was jener an Heiligkeit abgeht, ersetzt dieser durch Macht.

Es kann aber nicht fehlen, daß der Mensch des Joches müde wird; er merkt zuletzt, daß die Religion nur eine Dienerin der Politik, ein heiliger Mantel der unheiligen Tyrannei, ein Schafspelz ist, worunter sich ein reißender Wolf verbirgt. Hier und dort öffnet Einer die Augen, nimmt einige Lehrsätze der politisirten Religion in Anspruch, erregt Zweifel und Verdacht. Dies greift immer mehr und mehr um sich, bis zuletzt Gährung und Verwirrung, Unglaube und

und Gleichgültigkeit überhand nehmen. Es wird ein Aufstand, entstehen Sekten, und die ganze Macht der Politik ist nicht im Stande dem Strome Einhalt zu thun. Indessen ist diese Anarchie und Zweifelsucht vorbereitend, aber sie lenkt nicht zur Ruhe; sie erregt Wünsche, aber befriedigt sie nicht. Ein Theil nimmt Parthei, der andere irrt umher.

So war ungefähr die Lage der Sache, als Christus auftrat, und durch ein Princip des göttlichen Lichts aller Religionsstreitigkeit und allem Mißbrauch ein Ende machen wollte. Urplötzlich trat er, wie die Sonne aus den Wolken, und predigte eine Lehre, die genau und richtig die Gränzen der Religion von der Politik schied, und durch sich selbst Geist und Wahrheit, Licht und Leben verbreitete. Allein die Erde konnte dies helle Licht nicht lange ertragen, und ihr Boden war noch zu roh, als daß der Same, welchen Jesus streute, überall hätte aufwachsen und Frucht bringen können. Die göttliche Wahrheit Jesu bekam nach und nach wieder so viel Zusätze, ihr Tempel so viel Angebäude, daß man sich wieder in die despotischen Zeiten der Vorwelt versetzt sah. — Wo viel Licht ist, ist viel Schatten. —

Beinahe scheint es, als wenn die beste und einzigvollkommene Religion den Namen und Mantel zu den mehresten und scheußlichsten Unmenschlichkeiten hat lei=

leihen müssen. Wer mag und kann das Unheil alle nennen, wozu die himmlische Wahrheit Jesu ihr Ansehn geben müßte! Der gräßlichste Dogmatismus, mit den blutigen Waffen einer feindseligen Politik gerüstet, stand wieder da, quälte und würgte noch ärger, wie zuvor. Je mehr sich der innere Geist dagegen empörte, desto voller flossen die Ströme des Bluts, bis endlich die Zeiten der Reformation einbrachen, und der zu keinen Banden geschaffene Geist hier die Fesseln abwarf und dort ihren Druck erleichterte. Alles wurde rege, und man bemühte sich in den wahren Sinn Jesu zu bringen, und sein wohlthätiges Licht wieder leuchten zu lassen. Schade, daß sich jene großen Wiederhersteller über Kleinigkeiten entzweiten, und anstatt sich die Hände zu bieten, lieber in Partheien zerfielen. Jedoch war der Nachtheil nicht so groß; das Licht entbrannte und leuchtete je weiter, je heller. Selbst unsre Brüder, die in dem Schoos ihrer Kirche, wie mans nennt, verblieben, werden doch den wohlthätigen Einfluß nicht verkennen, den auch auf sie die Reformation des Christenthums gehabt hat.

Seit dieser Zeit ist man bemüht gewesen, den Sinn Jesu zu erforschen und ihn immer lauterer und unvermischter darzustellen. Das Studium der Geschichte, der Alterthümer und der Exegetik hat uns in den Stand gesetzt, die heiligen Documente zu verstehen,

stehen, und uns eine richtige Einsicht in den Willen
Gottes durch Jesum Christum zu verschaffen. Allein,
wie es immer noch geschehen muß, wenn man nicht
auf reine Principien gekommen ist, so hat sich bei den
meisten Forschungen auch noch mancher Zweifel gefunden. Leichtsinnige Köpfe, die die Wichtigkeit und
Heiligkeit einer Religion nicht zu schätzen wußten, über-
ließen sich unbedachtsam ihrem Witze, nahmen Unge-
wißheit für Unwissenheit, und Zweifel für Verzweif-
lung. Anstatt der Wahrheit auf den Grund zu gehen,
und die Zweifel zu heben, das Licht hervorzuziehen
und den Irrthum zu entfernen, wurden sie argwöh-
nisch gegen die ganze Sache, hielten sie ohne Untersuchung für leere Täuschungen, und verfielen auf Zweifelsucht, Libertinismus und Anarchie.

Schwert und Verfolgung, Druck und Aus-
schließung würde diese Dissenter nur noch mehr bestär-
ken. Sie würden mit Recht auf unsere Behandlung
hinweisen, und durch die That einen Beweis haben,
daß wir nicht in der Wahrheit sey'n. Aber auch die
Hände in den Schoos legen, würde wider unser besse-
res Wissen und Gewissen seyn. Was ist nun zu thun?
Wenn Macht wohl Schweigen gebieten, aber nicht
überzeugen, wohl kränken, aber nicht bessern kann,
so lasset uns thun, was Jesus that und seine Jünger
uns rathen. Lasset uns kämpfen mit den Waffen der

Ge-

Gerechtigkeit, und mit der Macht der Wahrheit. Diese Waffen sind stärker und siegreicher, als alle irdische Uebermacht und herrschsüchtiger Befehl. Keine Züchtigung ist empfindlicher, als wenn man dem Spötter die Schwäche und Nichtigkeit seiner Behauptung darthut; und der Mensch wird nie mehr gedemüthigt, als wenn man ihn auf der Falschheit seiner Behauptung ertappt; vorzüglich wenn er sich etwas darauf zu gute thut.

Jesus gibt uns durchaus ein nachahmungswürdiges Beispiel. Seine Lehre ist nicht allein vollkommen, sondern auch seine Lehrart. Die Methode, welche er beobachtet, ist so unfehlbar, daß man sich nur jederzeit ihrer bedienen darf, um seinen Endzweck zu erreichen. Es gibt auch nur eine Methode, das Christenthum zu lehren, und dies ist gerade die, deren sich Jesus bediente. Wenn man es sonst auch gut machte, indem man reines Christenthum lehrte, so versah man es doch gewöhnlich darin, daß man nicht die rechte Lehrart wählte. Dies ist darum wichtig, weil es nur eine einzige Lehrart der Religion gibt. *)

Es herrscht jetzt, wie jedermann weiß, viel Gährung und Verwirrung, Gleichgültigkeit und Geringschätzung

---

*) Sie hebt vom Erkennen des praktischen Gesetzes an, geht von hier zum Glauben und endigt in Verheißungen.

schätzung gegen die Religion, allein dies muß sich bald legen, wenn man nur das Christenthum in seiner eigenthümlichen, uralten und einzigmöglichen Bündigkeit vorträgt. Das ganze Christenthum hängt in einem einzigen Princip zusammen, muß aus diesem abgeleitet und erbaut werden. Aber woher bekommen wir dies Princip? Wir dürfen es nicht weit suchen, sondern haben es selbst aus dem Munde Jesu; es ist so einfach und reichhaltig, daß ihm nichts an Verständlichkeit und Fruchtbarkeit gleich kommt.

Das Princip der ganzen Lehre Jesu lautet: Liebe Gott. Hierauf gründet Jesus seine ganze Lehre, ja sie ist nur eine weitere Entwickelung und Erklärung jenes Gebots.

Ich behaupte nun, daß aller Religionszwist nicht eher beendigt werden kann, als bis man dies Princip bei der Forschung zum Grunde legt. Auf diesem Princip beruht die ganze Religion, die vollkommenste Sittenlehre und die reinste Erkenntniß von Gott. Es bringt uns an die äußerste Gränze aller Religionswissenschaft, und setzt zugleich unsern Forschungen Maß und Ziel. Es dient zur unfehlbaren Regel, allen Unglauben und Aberglauben apodiktisch zu widerlegen. Keine religiöse und moralische Schwärmerei, keine eigensüchtige Satzung, kein Glaubensdespotismus, kein Ma-

Dritter Abschnitt.

Ueber Aufklärung. Ihren bisherigen Gang und Folgen.

Grade zu einer Zeit, da alle Künste und Wissenschaften zu einer Höhe steigen, die wir bewundern, sinkt die Religion, und verliert je mehr und mehr von ihrem Ansehen und ihrer Würde. Der feinere Theil der Nation denkt und spricht mit kühler Gleichgültigkeit oder schnöder Verachtung von ihrer Heiligkeit, und erkennt kein anderes Reich, als die Natur, und kein anderes Band, als den Staat und seine Verfassung.

Ueberall ertönt die Stimme der Aufklärung, und wirkt mit unwiderstehlicher Macht; aber je mehr sie sich in's Gebiet der Religion wagt, bringt sie Verwirrung und Gährung.

„Verwirrung und Gährung? (sagt man.) Diese Behauptung geht zu sehr ins Allgemeine. Wahre Aufklärung kann ihrer Natur nach weder Verwirrung noch Zweifel erregen, oder sie hört auf, Aufklärung zu seyn, und ist — Verwirrung." Diese Bemerkung

fung ist nicht ganz unrichtig, aber sie trifft auch meinen Satz nicht und macht meine Behauptung nicht schwankend. Es ist bekannt, daß sich hinter dem Paniere der Aufklärung so wohl der Verfechter des Aberglaubens und Verbreiter der Finsterniß versteckt, als ihr nur der allein huldigt, welcher zur Berichtigung menschlicher Erkenntnisse und sittlicher Veredlung schreibt und wirkt. Man glaubt aufzuklären, nicht allein wenn man die willkürlichen Sätze einer politisirten Religion schwankend macht, sondern auch wenn man die wichtigsten Wahrheiten einer reinen und rationalen Religion und die Stützen eines vernünftigen Glaubens und Vertrauens verrückt.

Auf die Ehre der Aufklärung macht ein Jeder Anspruch. Ohne hier auf die Grundsätze zu sehen, wovon man ausgeht und diese in ihrem Werthe oder Unwerthe darzustellen, fragen wir nur: was hat ein Jeder geleistet? Was hat er gefruchtet? Denn an ihren Früchten müssen wir sie doch erkennen.

Nun sehe man, was die bisherigen Anfechtungen der positiven Religion bewirkt haben, und man wird finden, daß man zwar hier und dort theoretische und historische Sätze angegriffen und zweifelhaft gemacht habe; daß ein großer Theil des Publikums von diesem oder jenem Artikel nichts mehr hält; daß sich hin und wieder Ausgelassenheit in der religiösen Denkungsart festsetzt; und statt der vorigen Anhänglichkeit an einem positiven Systeme, Laulichkeit und Verachtung, Unstätigkeit in Grundsätzen und Gleichgültigkeit in Handlungen verbreitet habe; allein das, was eigentlich die Frucht religiöser Aufklärung seyn muß, nämlich willige Unterwerfung unter das reine moralische Gesetz oder freier Gehorsam gegen den göttlichen Willen, ist durch alle jene Durchlöcherung des öffentlichen Systems und Herabwürdigung eigenmächtiger Gesetze nicht erreicht.

Deshalb behaupte ich, daß durch die bisherige Aufklärung, die mehr auf theoretische Widerlegung als praktischen Aufbau gerichtet war, Verwirrung, indem das religiöse Publikum nicht weiß, was es halten oder fahren lassen, ob es rück- oder vorwärts gehen soll, und Zweifel, indem ihm nicht allein unstatthafte Sätze eines positiven Systems, sondern selbst die heiligsten und unverletzlichsten Wahrheiten der Religion überhaupt schwankend gemacht werden, und endlich Gährung bewirkt habe, indem der theoretische Aufruhr des Geistes sich nie in der Theorie begränzt, am wenigsten in Sachen der Religion, die auf Entschluß und Handlung hinwirkt; folglich über kurz oder lang in praktischen Nachtheil ausschlagen muß.

Ueberhaupt unterscheidet sich die religiöse Aufklärung von jeder andern ihrer Art. Licht und Wahrheit
ha=

haben sie alle zur Absicht; allein, die Mittel und Methode, wodurch diese erreicht werden muß, sind sehr verschieden. In allen übrigen geht der Aufklärer ohne Gefahr blos theoretisch zu Werke, und das Zeigen der Unrichtigkeit in den Sätzen ist immer schon der halbe Weg zum Ziel; man läßt die widerlegten Behauptungen einstweilen auf sich beruhen, indem sie den praktischen Gang der Dinge nicht verrücken. Nicht so ist es mit der Religion. Hier kann die Berichtigung nicht bloß theoretisch, sie muß auch praktisch verfahren und alles Licht, was hier gewährt werden kann, muß aus dem Grundgesetze der Religion, dem göttlichen Willen, in so fern er in der eignen Gesetzgebung des reinen menschlichen Willens enthalten ist, quillen.

Bloß schon durch diese Verwechselung, daß man theoretisch verfuhr, wo alles hätte praktisch angelegt seyn sollen, hat man seinen Endzweck verfehlt und das nicht erreicht, was das einzige und wesentliche Ziel der religiösen Aufklärung ist, Unterwerfung des Willens unters moralische Gesetz und ein hierauf gegründetes Vertrauen zu Gott.

Die religiöse Aufklärung muß ferner so beschaffen seyn, daß sie für alle Menschen ohne Ausnahme empfänglich und wirksam ist. Nicht bloß der Vornehme und Gelehrte, sondern auch der Arme und Gemeinverständige muß sie fassen und einsehen. Und dies

dies ist nicht so schwer, als man glaubt. Die wesentlichen Elemente der Religion liegen allen Menschen gleich nahe, wirken in Jedes Herzen mit unwiderreblicher Macht und gründen ein nie zu erstickendes Interesse für ihre erhabne Angelegenheit. Hier bedarf es nur einer offnen und redlich gemeinten Leitung, einer Anfachung in und durch das allgegenwärtige Gesetz der reinen Tugend, in und durch das reine und allgemeine Interesse, welches der Tugend an sich eigen ist, und die etwanigen heterogenen Beimischungen werden sich, gleich den Schlacken im Schmelztiegel, von selbst absondern.

Fern aber sey es von mir, daß ich hiermit die guten Bemühungen so vieler Männer älterer und neuerer Zeiten verkennen oder mißdeuten wollte; solcher Männer, welche durch ihre mühsamen und tiefsinnigen Untersuchungen uns endlich in den Stand gesetzt haben, daß wir, frei von allem Vorurtheil und Anhänglichkeit an fremder Auktorität und willkürlichen Aufdrang, alles Unstatthafte entfernen und mit der Hoffnung einer glücklichen und gelingenden Bemühung auf den Erwerb einer untadelhaften Religiosität ausgehen, oder vielmehr wieder zu ihr zurückkehren können.

Wie es in allen Versuchen des menschlichen Geistes geht, so auch in der Religion. Am frühesten steht ein System da. Dann kommen Erprobungen

hin-

hinter drein. Erfahrung und Untersuchung führen auf Mängel. Man sicht einzelne Sätze an, erregt Zweifel, macht Bedenklichkeiten. Endlich wird das ganze System erschüttert. Einige scheiden in der Stille davon, Andere reissen herunter und noch Andere halten und stützen, bis zuletzt aller Eifer erliegt, und alle Kraft ermattet; das Reich wird zersplittert und Anarchie ist sein Loos. Dieser Zustand rhapsodischer Bestrebungen, des lästigen Zweifels und der gährenden Verwirrung dauert so lange und muß so lange dauern, bis sich der irrige Haufen wieder zu einem neuen Panier versammelt. Soll diese Sammlung nicht einem gleichen Schicksale ausgesetzt seyn, so muß sie sich nach einem Grundgesetz konstituiren, welches dem Gegenstand ihrer Absichten wesentlich und einzig entspricht. In der Religion ist dieses Grundgesetz das der Liebe gegen Gott und den Menschen.

Und diese glückliche Zeit, behaupte ich, hat die so hoch gepriesene Aufklärung noch nicht herbei geführt.

Bis jetzt bewirkte sie nur noch Zweifel und hatte Verwirrung und Gährung des Geistes zur Folge. Der Eine klagt über Schwärmerei, der Andere über Unglauben. Man schreit und schreibt wider einander, daß die Welt am Ende nicht mehr weiß, was wahr oder irrig, was heilig oder profan ist.

Die Folgen hiervon sind traurig, und liegen am Tage. — Mißtrauisch auf die Grundlage des Gebäudes verläßt man seine Säle und folgt seinem Gutdünken, aller Mißleitung und Gefahr zum Trotz. Ueppigkeit und Wohlleben, Eitelkeit und Selbstsucht, Gewissenlosigkeit und Untreue, Frevel und Ausschweifung schwärmen ungehalten ihre Bahn, und dies mitten im Schooße einer Gesellschaft, die in ihrer Religion die stärksten Gründe dagegen aufgeführt findet.

Der größere Theil des gebildetern Standes verschwendet unverantwortlich seine jugendlichen Kräfte und Munterkeit, und schleichet, kaum Mann, wie ein Schattenbild umher.

Selbst bis in die unterste Klasse des Volks ist diese Gleichgültigkeit gedrungen, und schwächt ihr Gewissen. Gleichgültig gegen die Religion verliert der gemeine Mann Redlichkeit und Treue, und um einen geringen Preis schwört mancher bei Allem, was heilig ist, wenn sein Meineid nur nicht an den Tag kommt.

Wo liegt der Grund dieses Verderbens, das sich so sichtbar verbreitet? — In der Aufklärung, ruft der Eine. Nein, in ihrer Hinderung, spricht der Andere. Wer hat nun Recht? Durch die bisherige Aufklärung in der Religion ist noch nichts zur Sittlichkeit des Volks gewonnen; wohl aber hat sie Verwirrung und Zweifel in Menge erregt. Aber auch
die

die Hinderung der Aufklärung überhaupt kann nichts Gutes bewirken; sonst würde sich eine Nation ohne Aufklärung durchaus besser befinden, als diejenige, welche sich derselben rühmt. Ist Finsterniß besser, denn Licht; wozu die Sonne? Ist Unwissenheit besser, denn Erkenntniß; wozu der Verstand?

Liegt demnach die Schuld an der Aufklärung; so muß sie nur in den verkehrten Mitteln, die sie gewählt, in dem schiefen Gang, den sie genommen, und in den irrigen Resultaten, die sie gebracht hat, zu suchen seyn. Und sollte dies seyn, wer wird und mag die Regierung tadeln, die sie hemmt? Wer über Gewaltthätigkeiten schreien, wo dem Unheil gesteuert wird? Wer mag und soll in Sachen, die das Wohl und Wehe des Staats angehen, sprechen, als die Regierung? Wer der Zügellosigkeit vorbeugen, als sie?

Nicht aber der richtigen Aufklärung, die wahre Frömmigkeit und Tugend zur Absicht hat, nicht dem Bestreben, richtige Erkenntniß über alle Gegenstände des menschlichen Denkens zu verbreiten; sondern bloß der Sucht mancher Freidenker, die unter dem Panier der Aufklärung ihre unhaltbaren Hypothesen ausstreuen, und dadurch Verwirrung und Sittenlosigkeit bewirken, soll und muß Einhalt geschehen.

So lange ein Streit bloß Federn beschäftigt und innerhalb dem Gebiete der Speculation verweilt, kann jeder Staat ihn gleichgültig mit ansehen; bringt er aber in's Leben, und verrückt die Grundsäulen der menschlichen Wohlfahrt; so wird er ein Gegenstand der gesetzgebenden Macht, und dieser liegt es ob, jeden nachtheiligen Einfluß auf Ruhe und Sicherheit zu verhüten.

Wie aber! bloße Macht kann nur befehlen, aber nicht überzeugen; sie kann erzwingen, aber nicht bessern. Gesetzmäßigkeit ist ihre Frucht. Ganz anders ist's mit der Religion; sie will bessern, nicht erzwingen. Frömmigkeit ist ihre Frucht. Durch Furcht wirkt die Macht, durch Liebe die Religion. Haben wir uns nicht Vorwürfe zu machen, wenn Macht die Religion, und Furcht die Liebe vertreten muß? — Oder ist es mit unserer Religion so schlimm beschaffen, daß sie dieser harten Stütze bedarf? Kann nur Furcht sie in Ehren, und Macht in Ansehen erhalten? — Nein, das sey fern! Meine Lehre ist leicht, spricht Christus, und mein Joch ist sanft.

Lasset uns also untersuchen, was wir von der Lehre Jesu zu halten, und wie wir ihr Gehorsam zu leisten haben. Vielleicht finden wir, daß sie auf einem Grunde ruht, der durch innere Festigkeit besteht, und keiner äußern Strebepfeiler bedarf, ja sie verabscheut.

Vierter Abschnitt.

Ueber äußere und innere Beweisart.

Es hat der Religion Jesu zu keiner Zeit weder an Gegnern noch an Freunden gefehlt. Viele haben sie mit eben so viel Scharfsinn vertheidigt, als sie von Andern angegriffen wurde.

Der mehreste Streit ist über die Geschichte geführt; und hier geht es, wie allen Geschichten des grauen Alterthums. Die Partheien sind beide zu weit entfernt von dem Gegenstande ihrer Streitigkeit, als daß sie je darüber zum Einverständnisse kommen könnten. Eine Hypothese verdrängt immer die andere, und am Ende sind die Zuschauer immer gleich klug.

Wäre die Geschichte Jesu überhaupt ein solches Faktum, woran man kein weiteres, als bloß spekulatives Interesse nehmen müßte: so könnte man überhaupt die ganze Sache in die Geschichtskunde verweisen, und einen Jeden nach seinen Gründen entscheiden lassen; allein, dieser Gegenstand ist nicht bloß spekulativ, sondern praktisch, und hat einen nothwendigen Einfluß auf die Gesinnung und das Verhalten der

Menschen. Es sollte deshalb schon längst die ganze Sache praktisch behandelt seyn; so würde sich der übrige, bloß spekulative, Theil von selbst ergeben haben. So lange aber dies nicht geschieht, ist des Streitens kein Ende; und mit jeder Deutung und Erklärung liefert man auch dem Gegner des Christenthums neue Waffen zum Angriff.

Ja die bloß historische Behandlung der evangelischen Lehre hat auch alle Abweichungen und Verirrungen, selbst im Innern der Christenheit, veranlaßt.

So lange man noch bloß historische Beweise für die Aechtheit der christlichen Lehre bedarf; wird man auch nie mit seiner Vertheidigung zum Ziele kommen. Sie muß entweder durch sich selbst bestehen, oder sie muß über kurz oder lang in sich selbst zerfallen. Keine äußere Stütze, keine Beschönigung, keine Gunst vermag hier Etwas. Hier gilt kein Bitten, kein Drohen. Alles läßt sich erzwingen, nur nicht Ueberzeugung; Alles gebieten, nur kein Glaube. Was Lehre und Wahrheit für die ganze Welt seyn soll, muß die strengste Prüfung aushalten, muß bestehen, wie Gold in der Feuerprobe. Ja, wir werden auch sehen, daß uns die Religion Jesu zu einer solchen unnachsichtlichen Prüfung auffordert; ja noch mehr, diese Prüfung ist nicht bloß beliebig, sondern nothwendig; denn

nur

nur allein durch sie kann sich die Lehre Jesu mit unserer Seele verweben, und unsern Geist regieren.

Wir wollen demnach die Religion Jesu praktisch untersuchen, und es wird sich zeigen, daß dies nicht allein der Einzige Weg ist, sie zu bewahrheiten; sondern auch ihr Eingang und Würde bei allen Menschen zu verschaffen.

Unsere ganze Untersuchung wird sich auf ein einziges Princip gründen: aber auf ein Princip, das fest steht, und ewig und unwandelbar ist. Jesus selbst gibt uns dasselbe: aber es ist nicht theoretisch, und also bloß Bedürfniß der Speculation, sondern es ist praktisch, und greift in's Leben. Es ist nicht beliebig, sondern nothwendig; es ist für Jedermann und soll für Jedermann seyn.

Fünf=

Fünfter Abschnitt.

Religion.

Die Lehre Jesu soll uns Religion seyn. Wir haben uns also zuerst darum zu bekümmern, was Religion sey.

Aus den Schriften und Gebräuchen der Alten und eines jeden unchristlichen Volks fließt nur ein sehr schwankender Begriff. Man setzt die Religion in Befolgung gewisser positiver Gesetze und in Handlungen, die zum Dienst, zur Begütigung oder zur Ehre der Gottheit geschehen sollen. Keine Unmenschlichkeit ist so groß, kein Laster so abscheulich, das nicht durch diese irrige Vorstellung veranlaßt, beschönigt, gedeckt, ja wohl gar authorisirt wäre. Gott und Dienst — Allgnugsamkeit und Bedürfniß — Bedarf mein Gott eines Dienstes; so ist er, so hoch er immer über mich erhaben seyn mag, doch nicht allgenugsam und unbestechbar; je mehr ich ihm darbringe, je besser; je mehr ich ihm aufopfere, je lieber ist's ihm. Gern oder ungern, mit meiner Einbuße oder nicht — dies gilt ihm gleich viel — Aber dafür habe ich auch an ihm einen

Pa=

Patron in Lug und Trug, in Frevel und Schande. Und Begütigung? — Wen begütigen? den zürnenden Gott? Im Zorn brauset die erhitzte Leidenschaft, und in der Rache geht sie auf Unheil aus. Gott und Zorn — selig und leiden — gütig und rächen — Liebe und Unheil — Wer kann diese disparate Wesen vereinen; wer sie in dem suchen, der die Quelle alles Lichts und Lebens, aller Natur und des Geistes ist? Und doch findet sich dies üble Gemisch nicht bloß bei Unchristen, ja selbst bei vielen Christen in einer bald schwächern bald stärkern Tinctur. Was will man von Andern sagen, wenn es selbst der lautern Lehre Jesu noch nicht gelungen ist, bei allen ihren Bekennern jene unheiligen Vorstellungen, die das Laster gebiehrt und die Phantasie ernährt, gänzlich zu entfernen?

Zu beweisen brauche ich dies nicht. Da fröhnt Einer drei Monate und drüber seinen Lüsten, schwärmt von Laster zu Laster, und glaubt es am Ende noch recht gut zu machen, wenn er seinen darüber etwa zürnenden Gott durch den Genuß am Tische des Herrn wieder zufrieden stellt. Versöhnt huldigt er auf's Neue seiner Bosheit. Ein Anderer vergißt Treue und Redlichkeit, kränkt die Unschuld, tritt die Gerechtigkeit mit Füßen, und erscheint am Sonntage mit einer Miene in dem Tempel, die Anbetung lügt und Frömmigkeit heuchelt.

Kann

Kann dies der Wille Gottes, kann dies die Religion Jesu vertragen? Wer ist hier der Bessere? Der sich dem Tempel oder Tische des Herrn entzieht, oder der sich beiden so unwürdig naht? Doch ich kehre zurück.

Die Religion kann subjektiv und objektiv erwogen werden. Objektiv ist sie die Erkenntniß unsrer Pflichten als göttlicher Gebote und subjektiv ist sie Gesinnung und Stimmung des Gemüths, den sittlichen Gesetzen zu gehorchen, weil sie Gebote des höchsten moralischen Gesetzgebers und Bestimmers der Natur sind. Gott wird hier als Oberhaupt im Reiche der Zwecke und als ein die Natur nach sittlichen Ideen bestimmendes Wesen gedacht und dieser Gedanke leiht den durch Sinnlichkeit afficirten Vernunftwesen neue Kraft, dem Gesetze der Heiligkeit nie abtrünnig zu werden und stets zu erwägen, daß man durch Uebertretung seiner Pflichten nicht allein gegen sich selbst und das ganze Reich der Zwecke, sondern auch gegen einen gütigen und gerechten Richter sündige; auch in dessen allsehendem Auge verliere und sich die frohe Hoffnung und den traulichen Aufblick zu diesem Urheber und Vollender des Endzwecks aller endlichen Vernunftwesen trübe und störe.

In dieser Gesinnung besteht das Wesen der Religion, subjektiv betrachtet; sie ist aber nicht möglich,
wenn

wenn sie nicht aus dem Objektiven der Religion, der Erkenntniß unserer Pflichten als göttlicher Gebote abfließt. Allein unter dieser lichtvollen Leitung gedeiht die lebendige Stimmung und der Geist zeugt dem Geiste, (wie die Schrift sagt,) daß er in der Wahrheit sey.

Die Theorie der Religion hebt demnach vom sittlichen Gesetze der Freiheit an, stellt das Objekt dieses Gesetzes, Sittlichkeit mit einer ihr proportionalen Glückseligkeit auf, geht von hier aus zu den Erfordernissen, unter welchen allein das Objekt des Sittengesetzes als möglich gedacht und realisirt werden kann, findet diese in der Existenz eines sittlichen Oberhaupts der Welt und Bestimmers der Natur und in der unendlichen Fortdauer der Persönlichkeit endlicher Vernunftwesen.

Hiermit zerfällt die Religionslehre in zwei Theile, in den praktischen und den theoretischen. Jener enthält die Sittenlehre auf Freiheit gegründet und auf die empirischen Bedingungen der Menschheit angewandt, dieser die Lehre von Gott und den Verhältnissen des Menschen zu ihm. Den Schluß würde eine Methodenlehre machen, welche aus sichern Principien die Regeln angäbe, Religion zu lehren und zu befördern.

Beide Theile der Religionslehre, sowohl der praktische als theoretische, fließen aus einem Princip,

sind

sind unzertrennlich verknüpft und endigen in **einem** Zwecke, nämlich in der Beförderung sittlicher Vollkommenheit oder der Angemessenheit des menschlichen Willens zum göttlichen Willen, dem Willen der höchsten Heiligkeit und Weisheit.

Daher hebt die Lehre von Gott mit der Lehre von seinem Willen an, das ist, mit dem Willen der höchsten Heiligkeit und Weisheit und vollendet durch diese die Theorie vom höchsten Wesen. Ohne Sittenlehre ist die Gotteserkenntniß leere Speculation, ohne Geist und Leben; und die Lehre von seinem Willen allen Misdeutungen, Verfälschungen und eigensüchtigen Satzungen unterworfen.

Wir wollen in unsern Betrachtungen ganz den Fußstapfen Jesu folgen. Er verband Beides, Lehre mit Leben, Geist mit Erkenntniß; hob vom Gesetze an, und gründete hierauf die ganze Religion.

Dieser Weg ist auch der menschlichen Natur und dem Fassungsvermögen Aller allein angemessen. Das Gesetz Gottes liegt uns näher; kann leicht in uns angefacht und beseelt werden. Es greift in das Wesen unsers Geistes, und interessirt das geweckte Gewissen mit unwiderstehlicher Macht. Der verstockteste Bösewicht fühlt seinen Stachel, und beugt sich vor ihm auf dem Wege der Unthat. Ist erst das Gesetz Gottes oder sein heiliger Wille dem Menschen bekannt;
so

so kann die richtige Gotteserkenntniß auf dieses Gesetz geimpft, und Licht mit Leben beseelt werden.

Die Religion ist ein bloßes Eigenthum vernünftiger Wesen; sie hat ihr Licht im Verstande, ihr Leben in der Freiheit und ihre Macht im Gewissen. Jesus war deshalb nicht bloß Herold des göttlichen Gebots, sondern auch gleichsam eine Fackel oder das Licht aus Gott, den menschlichen Geist zu erhellen. Geist und Wahrheit sind die Gaben, welche er den Sterblichen bringt. Wahrheit der Erkenntniß und Geist dem Gesetze. Er will auch durchaus nicht, daß wir blinde Anhänger seiner Lehre, sondern mit Wahrheit erkennende und im Geist folgende Jünger seyn sollen. Sein Evangelium soll Ueberzeugung und Beifall, Wahrheit und Geist, Licht und Interesse bewirken; deshalb lehrte er so laut, trat seinen Widersachern in's Angesicht, und scheuete die spitzfindigsten Einwürfe seiner Gegner nicht. Und so mußte es auch seyn, wenn er gekommen war, allen Menschen Wahrheit und Seeligkeit zu eröffnen.

Auch wir, als seine treuen Anhänger, haben noch immer die unauslöschliche Pflicht auf uns, in seiner Lehre zu forschen, um von ihr Licht und aus seinem Gesetze den wahren Geist zu erlangen. Ja unser ganzes Christenthum ist ein todtes Werk, wenn uns nicht sein Licht erleuchtet und sein Geist beseelt.

So

So soll demnach die Lehre Christi selbst der heiligste Gegenstand seyn, unsern Forschungstrieb zu regen, um Licht zu sammlen, und unsere Freiheit zu üben, um seinem Gesetze zu gehorchen. Ja die erhabnen Anlagen unsrer Seele, Erkenntnißtrieb und Freiheitskraft, die uns der Gottheit nähern, wirken deshalb mit solcher Macht in uns, und gehen mit solchem Ansehen ihre Bahn, daß nichts in der Welt ihrem Licht entfliehen und ihrer Macht entkommen soll.

Ja die Religion Jesu würde nie empor gekommen und so allgemein verehrt seyn können, wenn ihr Verkündiger nicht das lautere Licht der Welt und sein Gebot nicht der unverkennbare Wille des Allgütigen wäre.

Prüfung ist es und eine aus ihr entspringende Ueberzeugung und unwandelbarer Glaube, der der Religion Jesu ihre Göttlichkeit und ihrem Herolde seine Würde sichert. Nichts findet Beifall und Eingang, nichts besteht, es trete denn an's Licht und habe Wahrheit und Geist.

Und käme ein Engel aus der Höhe, mit aller Macht und Autorität ausgerüstet, den Menschen Gesetze und ihrem Geiste Gebote aufzubürden, und er scheuete das Licht des Verstandes, und verböte die Selbstthätigkeit des Geistes: so würde man ihn fliehen, wie den Fürsten der Finsterniß und den Tyrannen

nen der Freiheit. Und wenn er mit der Macht eines Allbeherrschers unsern Geist bestürmte und legte den Leib in Fesseln, um Gehorsam zu erzwingen; so würde seine Bothschaft eine Nacht und sein Gesetz der Tod seyn, dem niedrigsten Sterblichen und dem höchsten Gebieter der Erde würde er gleich verachtet erscheinen. Gesetzt, er geböte dem dankbaren Unterthan, seinen weisen König zu verachten, und dessen treuer Diener zu spotten; und er könnte mit aller physischen Macht seine Befehle durchsetzen: so würde er Lippen bewegen, und Töne erzwingen; aber die Liebe gegen den Monarchen und die Achtung gegen seine Diener würde er nicht ersticken. Er würde den Körper gleich einer Maschine bewegen, gegen dessen Gang sich der Geist empörte. Und was ist es, das sich diesem Wüterich so mächtig, so ganz unbesiegbar widersetzt? Ist's nicht das Licht des Verstandes, das er fliehet, und das Gesetz der Freiheit, das er kränkt?

Religion Jesu! du Tochter des Himmels! wie hold bist du dem Erdenpilger. Licht ist dein Herold und Geist dein Gesetz. Du erhellest mit der Fackel der Wahrheit unsern Verstand, daß er über die Gränzen seiner irdischen Sphäre hinausschaut; du regst unsre Freiheit, daß sie dem Gebote des Allgütigen gehorcht,

D 2 Man

Man irrt sich, wenn man glaubt, eine Religion dürfe des Beweises, ihre Lehren der Prüfung, und ihre Gebote der Ueberzeugung entbehren. Nein, wenn je eine Sache des Lichts und der Wahrheit bedarf; so ist's die Religion. Ja, dies sind die einzigen Stützen ihres Gebäudes, und der einzige Reiz, wodurch sie gefällt. Es können aber auch keine andere Beweise für ihre Göttlichkeit eher gelten, als bis sie sich zuerst durch Licht und Wahrheit empfohlen hat. Ja, es ist gewiß, alle Wunder Christi, seine himmlische Sendung und Würde, sein äußerer Glanz und seine durchdringende Sprache, würden nichts gefruchtet haben, hätte aus seiner Lehre nicht göttliches Licht und Wahrheit gestrahlt. Und waren seine Feinde nicht gar bald mit seinen großen Thaten fertig? Sie schrieben sie ohne Umschweif dem Beistande böser Geister zu. Mit diesem Vorgeben würden sie auch weit gereicht und seinen Plan zerstört haben, wenn er allein auf solchen äußern Stützen geruht hätte. Allein Christus konnte dies alles dahin gestellt seyn lassen; ja, er gab ihnen kein Zeichen, so ernstlich es ihnen auch darum zu thun schien; denn er wirkte mit einer ganz andern Macht. In seinen Reden war Kraft, und seine Worte waren Wahrheit; und dieser ihr Licht schoß allen, selbst seinen feindseligsten, Gegnern wie ein Feuerstrahl auf die Seele. Sie mußten, sie mochten

wollen

wollen oder nicht, die Wahrheit der Lehre und die Würde Jesu erkennen, so sehr sie auch äußerlich jene verunglimpften, und diese verhöhnten. Christus hält daher auch auf nichts mehr, als auf die innere Kraft seines Worts und das lautere Licht seiner Lehre.

So Jemand nach dem handelt, was ich ihm verkündige, (spricht Jesus;) der wird inne werden, ob meine Lehre von Gott sey oder ob ich von mir selber rede. Praktische Ueberzeugung, diese unwillkürliche Frucht der göttlichen Wahrheit, war der Fels, auf welchen er bauete. Darum wollte er die Wahrheit seiner Lehre nicht durch Wunder erweisen, wohl aber seine Wunder als Zeichen seiner höhern Sendung durch seinen wichtigen Zweck, den Zweck der Wahrheit rechtfertigen.

Und in der That, erst wenn man weiß, daß eine Lehre von Gott ist, kann man wissen, daß die Wunder, welche ihr Verkündiger verrichtet, eine gleiche Quelle haben.

Denn gesetzt, ein Volk wäre gutwillig genug, eine Religion bloß auf Wunder anzunehmen, so ist dies doch der göttlichen Religion unsers Heilandes zuwider. Man verkennt den Werth der Religion Jesu, wenn man glaubt, daß sie einer äußern Stütze und fremden Macht bedarf, um ihren Werth sichtbar zu machen; man mißversteht ihren Geist und ihre ganze

Absicht, wenn man glaubt, sie müsse ohne Prüfung und Bewahrheitung, d. i. ohne innige Verwebung mit unsrer Denkkraft, mit unsern Urtheilen und Grundsätzen, ja mit der ganzen Selbstthätigkeit des Geistes angenommen werden. Ein unverständiger Beifall und blinder Gehorsam ist dem Sinne Christi ganz zuwider. Geist und Leben ist seine Lehre. Wer aber einmal seine göttliche Lehre begriffen und ihre Kraft wahrgenommen hat, dem ist's auch unmöglich, ihr seinen Beifall zu versagen; wenn er ihr gleich seinen Gehorsam entzieht. Wer einmal zur lebendigen Erkenntniß des Christenthums vorgedrungen ist, dem leuchtet die Würde desselben und seines Verkündigers von selbst ein.

So müssen wir demnach suchen und forschen; aber man hüte sich, daß man nicht diese Forschung mit der bloßen Speculation verwechsele, und mit Dingen anfange, die mehr der Neugierde, als dem praktischen Bedürfnisse genügen. Die Spekulation allein geht auf's Wissen, die Religionsforschung auch auf's Handeln; bei jener ist's uns unangenehm, nicht bis zur lautern Wahrheit gekommen zu seyn, bei dieser unerträglich. Dort liegt Unwissenheit und Erkenntniß in der Wagschale; hier Sittlichkeit und Verderbniß, Tugend und Laster, Leben und Tod. Ich muß entscheiden; ich soll handeln. Die Spekulation reizt diesen und jenen; aber die Religion interessirt die ganze Mensch-

Menſchheit. Irre ich hier oder werde ich irre geleitet; ſo bin ich, wie auf einem geſcheiterten Schiffe, das maſt = und ruderlos der Orkan umhertreibt, ungewiß, ob mich die Wellen verſchlingen, oder an einen Felſen zerſchmettern werden. Wie? wenn in dieſem entſcheidenden Augenblicke Jemand plötzlich aus den Wolken träte, und, um mich zu tröſten, mir vieles ſpräche, was ich nicht verſtünde; ja, wenn er, um Glauben zu bewirken, mir die größten Wunder der Natur vormachte: würde und könnte mich dies Alles zufrieden ſtellen? Anſtaunen würde ich ihn, und hoffnungslos meinem Untergange entgegen ſehn. Wie aber, wenn er mir Hülfe leiſtete, und klar und verſtändlich mir zeigte, daß und wie ich gerettet werden könnte. Nur dann würde ich ſagen: du haſt Worte des Lebens. So iſt's mit der Lehre Jeſu. Sie hat Worte des Lebens, inneres Licht und eigene Würde; und hierauf beruht das Anſehen und die Göttlichkeit Jeſu und ſeiner wundervollen Thaten.

Doch dies Alles wird ſich von ſelbſt ergeben, wenn wir die erhabene Lehre Jeſu näher erwogen, und ſie nach ihrer weſentlichen Vortreflichkeit entwickelt haben.

Sech=

Sechster Abschnitt.

Princip der Religionsforschung.

Die christliche Lehre ist Lehre der Religion und leiht dadurch den Pflichten eine göttliche Sanktion. In ihrer Theorie nimmt die Lehre von Gott einen wesentlichen Theil ein. Diese handelt von den Eigenschaften Gottes und den Verhältnissen des Menschen zu demselben; folglich von der Erkenntniß des göttlichen Wesens und des göttlichen Willens an die Menschen. Jene ist die Theologie im engern Sinne, diese die Aufstellung der Pflichten unter göttlicher Sanktion.

Es frägt sich nun: muß die Lehre von dem Willen Gottes auf die Erkenntniß von Gott, oder die Erkenntniß von Gott auf die Lehre von seinem Willen errichtet werden? Dem ersten Anblicke nach scheint es ganz ausgemacht zu seyn, daß die Lehre des Willens von der Erkenntniß des Subjekts des Willens, also das Gebot Gottes von der Erkenntniß Gottes abgeleitet werden müsse. Allein die irrigen Willenserklärungen,

gen, welche sich bei allen Völkern finden, die den Begriff von Gott der Deutung seines Willens zum Grunde legten, könnten uns schon stutzig machen. Je nachdem der Begriff von Gott ist, fällt auch die Erklärung seines Willens aus; und wehe dem Volke, wo die Erklärung des Willens Gottes eigensüchtigen Auslegern anheim fällt. Da ist kein Widerspruch so laut, welchen sie dem Willen der Gottheit nicht anzupassen wissen.

Es ist aber schon an und für sich sehr anmaßlich, erst eine Erkenntniß von Gott, und dann von seinem Willen zu liefern. Alle unsre Erkenntniß von Gott, wenn sie nicht von seinem Willen abgeleitet wird, geht den Weg der Analogie, und das Prädikat, welches sich uns hier zuerst darbietet, ist Macht oder Majestät. Wie weit diese gehe, und sie dem höchsten Wesen zukomme, gibt uns bloße Analogie nicht zu erkennen. Nun nehme man alle Religionen, die auf dem Begriff von Gott beruhen, und man wird finden, daß Macht und Majestät die Grundbegriffe sind, wovon sie ausgehen. Da sich aber die Begriffe nach dem Fassungsvermögen und der Vernunftbildung der Nationen bequemen müssen: so kann man leicht erachten, wie kärglich und unhold der Wille ausfallen muß, den man der Gottheit in Beziehung der von ihr aufgefundenen

Eigenschaften beilegt. Die Vernunft muß schon einen hohen Grad der Kultur erreicht haben, wenn sie durch Schlüsse, (die aber immer nur durch Analogie gehen, und wegen Mangel an Bündigkeit Gunst bedürfen,) von dem Begriff der Macht auf Allmacht und höchste Majestät kommen soll. Bei dem allen aber können wir das Wesen Gottes nie erkennen, und er bleibt immer vor uns in einem Lichte, wohin alle Anstrengung unsrer Vernunft nicht vordringen kann. Ja es ist ganz unmöglich, das Wesen Gottes an sich zu ergründen; aber es ist auch unnöthig.

Eins aber ist, das wir erkennen können, das wir wissen, und das wir wissen müssen und sollen, und dies ist der Wille Gottes. Diesen dürfen wir nicht etwa bloß errathen, oder analogisch schließen, oder beliebig festsetzen; nein, wir müssen ihn ganz kennen; unsre Erkenntniß von ihm muß rein und lauter, wie das Licht der Sonne, muß vollendet und wissenschaftlich seyn. Die metaphysische Erkenntniß von Gott gehört der bloßen Spekulation; kann irrig und mangelhaft, allein die Erkenntniß seines Willens muß wahr und unfehlbar seyn; denn sie ist praktisch. So lange hier noch der geringste Zweifel in dem geheimsten Winkel der Seele haftet, ist unser Zustand unselig und gefahrvoll.

Da

Da nun unsre Erkenntniß vom Willen Gottes rein und unfehlbar seyn muß, so läßt sich leicht abnehmen, daß, wenn je dem Menschen Gotteserkenntniß nöthig ist, und lauter gewährt werden kann, diese von seinem Willen abgeleitet werden müsse. Denn auf einen unsichern Grund, als der bloß metaphysische Begriff von Gott ist, läßt sich kein unwankendes Gebäude, als seine Willenslehre seyn muß, aufführen.

Fragen wir, warum die Lehre vom Willen Gottes so einhellig, wissenschaftlich und unfehlbar seyn muß, so ist die Antwort: weil sie praktisch ist, und in Gesinnung und Handlung des Menschen greift. Es ist durchaus nothwendig, daß ich die Regel, wornach ich handeln soll, ganz deutlich begreife und unverweigerlich anerkenne. Ich darf nicht etwa vermuthen, so oder so möchte es wohl getroffen seyn; sondern ich muß wissen, so allein, und nicht anders, ist's recht. Soll demnach der Wille Gottes für uns ein Gebot seyn: so müssen wir ihn deutlich erkennen, und unsre unverweigerliche Verpflichtung gegen denselben einsehen. Auf einen solchen apodiktisch gewissen Willen Gottes läßt sich alsdann auch allerdings eine fruchtbare Erkenntniß von Gott und seinen Verhältnissen zur Welt herleiten.

Jesus

Jesus befolgte diese Methode, offenbarte zuerst den Willen Gottes, und gründete hierauf eine Religion, die nie so erhaben und lauter in eines Menschen Sinn gekommen war. Wir wollen seinem Vorgange folgen, und sehen, wie er auf einem einzigen Princip des menschlichen Verhaltens seine ganze Lehre erbauet hat.

Siebenter Abschnitt.

Sittenlehre Jesu.

Es hat keinem einzigen Lehrsatze der christlichen Offenbarung an Tadlern gefehlt, und wenn gleich einige Gegner noch Achtung gegen die christliche Sittenlehre bezeigten; so gab es doch wiederum Andere, die auch hierin Lücken und Mängel zu finden glaubten. Es ist freilich nichts leichter, als tadeln, und die erhabenste und ehrwürdigste Sache läßt sich in einen solchen Kontrast bringen, wo sie lächerlich erscheint. Indessen wollen wir hier von denjenigen abstrahiren, die mehr muthwillig, als ernsthaft, mehr leidenschaftlich, als gründlich, mit einer so wichtigen Sache, als die christliche Sittenlehre ist, umgehen. Einzelne Sätze aus dem Zusammenhange reissen und in Verbindungen setzen, die ihnen an sich ganz fremd sind, ist weder Kunst noch Verdienst; und wer sich auf solche Art an das Sittensystem Christi macht, hat in den Augen unbefangener und gesetzter Männer nicht mehr Gewicht, als ein muthwilliger Opando, wenn er die Unschuld an den Pranger stellt. Man muß den Bey-

ten

den und die Grundlage untersuchen, wenn man wissen will, ob ein Gebäude fest steht oder nicht. Und wenn es Jemand versucht, die christliche Religion in ihrer Grundveste zu erschüttern, nur dann verdient er Aufmerksamkeit und, geht er ehrlich zu Werke, auch Achtung. Man fürchte sich nicht vor dergleichen starkgewaffneten Feinden; sie sind dem Christenthum so wohlthätig, wie der Sturm dem Ozean. Der Orkan reinigt Luft und Meer, und bewahrt vor Fäulniß und Pest. —

Es geschieht nichts Neues unter der Sonne, spricht Einer, und die Lehre Jesu war ihrem wesentlichen Inhalte nach schon da, ehe er in Judäa predigte. Lasset uns also sehen, ob in irgend einem Sittengebäude der Alten das Princip unsers Verhaltens schon ganz richtig angegeben ist.

Da unter allen Völkern keines so weit in der Sittenlehre gekommen ist, als die Griechen: so dürfen wir nur die vorzüglichsten Sekten dieser Nation berühren, um zu sehen, wie weit sie noch von dem ächten Princip der Sittlichkeit entfernt waren.

Antisthenes machte viel Aufsehen, indem er die Menschen beredte, in den Stand der Rohheit zurückzukehren, und wenn gleich seine Lehre an den Schmutzigkeiten seiner Nachfolger nicht Schuld war: so ist doch klar, daß wenn wir, wie er wollte, die

Na=

Natureinfalt zum Ideale unsrer Bestrebungen machen würden, es dies Princip mit sich führte, jeden Keim der Veredlung zu ersticken, und jede Gelegenheit der Geisteskultur zu verschmähen. Wir würden nach dem Rathe eines schwermüthigen Rousseau in die Wälder zurückkehren, und, wie die wilden Jäger der Vorwelt, in schmutzigen Höhlen und ekler Tracht unsre Tage verleben. Fern sey es, daß ein solches Princip zur Sittlichkeit führe, ja es widerspricht schon den ersten Bedürfnissen der Natur. Hat denn ein weiser Urheber umsonst die Anlagen zu einer so hohen Entwickelung in den Menschen gelegt? Sind die Produkte des Fleißes und der Kunst, der edle Schwung unsers Geistes, ein Widerspiel der göttlichen Absicht, warum verlieh sie die Kräfte dazu?

Doch nein, spricht Epikur, nicht in der Vernachläßigung der Kultur, nicht in der rohen Einfalt des Lebens besteht die Tugend; vielmehr jage der Freude nach und fliehe den Schmerz. Hierauf witzige deinen Verstand, stelle alle deine Anlagen, und je weiter du es hierin bringst, je klüglicher du deine Rechnung machst, desto größer ist deine Tugend. Man sieht leicht, daß dies Princip allein darauf gerichtet ist, Neigungen zu befriedigen; und wenn es Mäßigkeit, Tapferkeit und Gerechtigkeit anräth: so geschieht es doch nur, um der Selbstliebe einen desto sichern Pfad

ihrer

ihrer Genügung anzuweisen. In der That schleicht sich auch das epikurische Princip mehr und minder in fast alle Sittensysteme der Neuern. Man bemüht sich beinahe durchgängig, die praktischen Gesetze allein auf Glückseligkeit zu gründen. Ein klüglicher Kalkul tritt an die Stelle der sittlichen Gesinnung und eine durch Sinnenreitz beflügelte Einbildungskraft entwirft einen Endzweck, zu dessen Bewirkung Verstand und Vernunft dienstbar gemacht werden.

Aber steht nicht der eigensüchtige Plan mit dem Vermögen des Menschen, mit dem Laufe der Dinge, mit der Würde des Geistes selbst in einer offenbaren Fehde? Schwach und kurzsichtig ist das Auge des Menschen und doch soll es die ganze Sphäre seiner Wirksamkeit übersehen. — Stets veränderlich sind unsre Neigungen und Wünsche, und doch sollen wir für sie unwandelbare Regeln des Verhaltens auffinden. — Unaufhaltsam geht der Kreislauf der Dinge, und doch sollen wir uns seiner bemeistern und ihn zur Allbefriedigung unsrer Bedürfnisse lenken. — Die beste Rechnung trügt, die schönste Hoffnung schlägt fehl. Wir lieben den Frieden und Krieg bricht ein; wir bauen unsre Felder, und ein Orkan verwüstet sie; wir schmachten nach Linderung, und neue Drangsale werden unser Loos.

Soll

Soll Befriedigung der Neigungen unser höchstes Ziel seyn, warum ist unser Verstand so kurzsichtig und unsre Kraft so gering? Ein offenbarer Beweis, daß Glückseligkeit nicht der höchste Zweck unsrer Bestrebungen seyn sollte, wie sehr auch die Sinne dahin treiben.

„Aber, sagt man, unsre Kräfte so gering? — und doch so hinreichend für unsre leiblichen und sittlichen Bedürfnisse, wenn wir die rechten Mittel erwählen."

Ich erwiedere hierauf: es ist allerdings der Achtung und Dankbarkeit werth, daß der Mensch mit so vortreflichen Naturanlagen und Geisteskräften begabt ist; allein ich zweifle mit Recht, ob sie zu unsern sinnlichen und sittlichen Bedürfnissen hinreichen. Die Frage ist: kann der Mensch sich selbst in den Besitz des höchsten und vollendeten Guts setzen? Soll er es thun? Hat er hinlänglichen Verstand, die rechten Mittel zu wählen und hinlängliche Kraft, sie zu gebrauchen?

Um hierauf zu antworten, müssen wir den Begriff des höchsten Guts zergliedern und sehen, in welche Elemente er zerfällt. Offenbar ist es, daß der Mensch, als sinnliches und geistiges Wesen, zwei demselben entsprechende Objekte des Begehrungsvermögens hat. Das eine bezieht sich auf Befriedigung des sinnlichen Begehrens und heißt Glückseligkeit, das Andere bezieht sich auf die Befriedigung des geistigen Begehrens und

E   heißt

heißt Sittlichkeit. Sittliche Vollkommenheit und Allbesitz des Wohlseyns machen demnach zusammen und vereinigt das vollendete Gut aus, wornach der Mensch strebt.

Unter sittlicher Vollkommenheit verstehen wir eine den praktischen Vernunftgesetzen angemessene Gesinnung und Handlung. Diese Angemessenheit muß, wenn sie der moralischen Forderung Genüge leisten soll, vollendet seyn. Aber die Forderung des Sittengesetzes geht ins Unendliche und was ihr in dieser Unendlichkeit entspricht, ist Heiligkeit der Person, eine Dignität, welche nur dann einem Wesen zukommt, wann das moralische Gesetz die einzigmögliche und wirkliche Handlungsart desselben ist. Um aber einen solchen Werth an sich selbst zu bewirken, würde man auch eine unendliche Kraft haben müssen. Beides aber, das Sittengesetz als einzigmögliche Handlungsart und unendliche Kraft, um dieselbe an sich zu realisiren, können nur in einem unendlichen Wesen vereinigt seyn; folglich ist es dem Menschen unmöglich, an sich eine vollendete Sittlichkeit ganz zu erreichen, ob er gleich das Gebot in sich hat, von demselben zu aller Zeit so viel an sich zu bewirken, als er kann.

Hieraus erhellet, daß der Mensch das eine Element des höchsten Guts, die Heiligkeit, nicht ganz an sich

sich erreichen kann, ob es ihm gleich nicht an Kraft fehlt, sich demselben immer mehr zu nähern.

Wie steht es nun mit dem zweiten Elemente, mit der Glückseligkeit?

Mir ist nicht unbekannt, daß der Begriff von Glückseligkeit bei denjenigen, welche sie zum höchsten und einigen Gute des Bestrebens machen, nicht so eng ist, wie es die Sprache wohl eigentlich erfordert. Man nimmt selbst den Begriff der Sittlichkeit mit in ihn auf und hilft sich durch Distinctionen so gut, als man kann. Allein das Specifische, wodurch sich diese Theorie auszeichnet, ist doch immer dieses, daß man alles auf Wunsch und Neigung zurückführt und dem Allbesitz des Wohlseyns alles Uebrige unterordnet. Daher treten denn selbst die Maximen der Sittlichkeit in einen fremden Dienst und werden nur gehört, wenn und wie sie zum Wohlseyn beitragen können. Man kann deshalb die Glückseligkeit hier allein nehmen; denn sie steht doch oben an, und sie bleibt immer nichts anderes, als die Befriedigung in alle dem, was man wünscht und hofft, man mag die Gegenstände des Wunsches verfeinern, wie sehr man will, man mag vom groben Sinnengenuß zum innern Reiz der Empfindungen durch Schönheit und Erhabenheit der Natur, durch Kultur der Anlagen und Talente, durch Kunst und Wissenschaft, ja selbst zum Wohlgefallen

an

an sittlichen Handlungen fortgehen. Man bleibt doch nur bei dem Eindrucke stehen, welchen die Dinge auf das Gefühl machen und in so fern bleibt es nur immer Glückseligkeit, worauf man ausgeht.

Wir fragen nun: hat der Mensch Vermögen genug, um sich diese ganz zu erwerben?

Keinesweges. Es kommt hier alles auf die Bemeisterung der Naturdinge an. Wir müssen sie ganz kennen, um einen richtigen Ueberschlag machen zu können. Und wie viel ist hier, was wir nicht kennen! Wir müßten mit ihnen nach Belieben schalten und walten können, um sie nach unsern Absichten lenken zu können. Und wie wenig vermag der Mensch über Natur und ihre Gesetze!

Es ist daher wohl nichts richtiger, als dieses, daß wir weder **Verstand** genug haben, um die Naturdinge nach ihrer Tauglichkeit zu unsern Absichten zu erkennen, noch **Kraft** genug, um sie, wenn wir sie kennten, zu unsern Zwecken zu gebrauchen. Sollte demnach der Allbesitz des Wohlseyns das unbedingte Ziel unsers Bestrebens seyn: so müßten wir mit weit größern Kräften ausgerüstet seyn, ja, wir müßten unbeschränkte Herren der Natur seyn, weil sie nur so als in unserm alleinigen Dienst stehend angesehen werden könnte.

Wie

Wie wenig aber die Natur in unsrer Gewalt und in unserm Dienst stehe, ergeht schon daraus zur Genüge, daß sie selbst unsern Wünschen nicht selten entgegen wirkt und grade in ihrem Laufe das Widerspiel von unsern Wünschen und Absichten hält. Wie wenn ein Blitz den ruhigen Beschauer erschlägt, der aus seinem Anblicke Wonnegefühle erzielte. Es mag seyn, daß der Lauf der Dinge im Ganzen und nach seinen Endabsichten dennoch das Wohl der verständigen Wesen begünstigt; es mag dies seyn und wir glauben es; allein dies ist doch eine Erwartung, welche außer dem Kreise der möglichen Selbstbewirkung durch eigne Kräfte gelegen ist.

Sollte demnach das Wohlseyn der alleinige Zweck des Menschen seyn: so hätte ihn die Natur hierzu nicht allein sehr stiefmütterlich ausgerüstet, sondern sie behandelte ihn auch noch sehr stiefmütterlich dazu, indem sie ihm nicht selten auch noch das mißgönnt und verkümmert, was er wohl durch eigne Kraft erschwungen haben würde.

Dies sind die Gründe, welche sich von Seiten der Unzulänglichkeit dem Principe der Glückseligkeit entgegen stellen; allein sie sind noch nicht die einzigen.

Will der Glückseligkeitslehrer konsequent bleiben, so untergräbt er alle Sittlichkeit und Tugend. Er muß kein anderes Laster dafür erkennen, als was der

Glück-

Glückseligkeit Abbruch thut. Ist allseitiges Wohlseyn des Menschen höchstes Ziel, so thut ihr Unrecht, wenn ihr den Bösewicht bestraft. Höchstens hat er sich in seiner Rechnung betrogen. Er hat sich geirrt und bedarf Belehrung; er hat nicht gesündigt und verdient keine Strafe.

Ich sage: wenn der Glückseligkeitslehrer konsequent seyn will; denn ich bin weit entfernt, allen Vertheidigern jenes Systems die lästigen Konsequenzen aufzubürden. Selbst Epikur wird sie nicht zugelassen haben und er war sicher an den muthwilligen Verdrehungen und schmutzigen Ausschweifungen seiner Nachfolger unschuldig. Allein in dem Grundsatze seiner Disciplin lag doch der Fehler. So werden sich alle Vertheidiger eines ähnlichen Grundsatzes wohl mit allem Ernst die unanständigen Folgerungen verbitten; allein sie werden es nicht läugnen dürfen, daß sie gemacht werden können. Und dies bleibt doch immer ein Fehler des Grundsatzes. Um nun diesen Fehler in den Folgen nicht sichtbar zu machen, bringt man Distinctionen, Ausnahmen und Kautelen über Kautelen an.

So, wenn ich sage: der Uebertreter hat sich bloß geirrt, muß belehrt werden; er hat nicht gefrevelt, verdient keine Strafe; erwiedert man: „sind die Strafen aber nicht Mittel, die Glückseligkeit der Andern, die der Frevler stört, vor ähnlichen Ursachen der Bosheit

heit oder des Irrthums zu sichern? Man straft ihn ja nicht, daß er in den Mitteln, seine Glückseligkeit zu suchen, irrte, sondern um jene der Staatsglieder zu erhalten."

Hiermit ist aber der Fehler des Grundsatzes nicht verbessert und gegen meine obige Behauptung macht es keine Instanz. Es beruht alles auf der Frage: ob die Selbstliebe und folglich die Befriedigung aller Wünsche und Neigungen das höchste Principium des menschlichen Verhaltens sey? Ist es dieses, wie es denn dafür ausgegeben wird; so ist das Objekt der Selbstliebe, die Glückseligkeit, des Menschen erster und höchster Zweck; folglich müssen diesem alle andere Zwecke untergeordnet und es selbst darf durch keine andere Bedingung wieder eingeschränkt werden. Das Gesetz der Selbstliebe wird dadurch ein allgemeines und nothwendiges; nichts darf ihm zuwider seyn, alles muß sich unter dasselbige fügen.

Hieraus folgt, daß nicht allein die Befriedigung aller Begierden erlaubt, sondern selbst geboten sey; daß es nicht nur nicht frevelhaft sey, sich auf Anderer Unkosten wohlzuthun, sondern daß es so gar Pflicht sey, wenn es nur mit der Ausrechnung besteht. Was das höchste Gesetz gebietet, ist Pflicht, und etwas wünschen, heißt hier so viel, als zur Befriedigung des Wunsches verpflichtet seyn.

Zu

Zu diesen unannehmlichen Folgerungen führt der Grundsatz der Selbstliebe offenbar, wie ungern sich auch die Vertheidiger desselben zu ihnen verstehen wollen und daher keinen geringen Fleiß anwenden, die Selbstliebe zu verfeinern und durch gehäufte Kautelen die Mißlichkeit zu decken.

Will man demnach den Folgerungen aus dem Grundsatze, wie es sich gehört, ihren Lauf lassen und auf weiter nichts sehen, als daß sie richtig seyn; so muß man zugeben, daß keiner darum ein Bösewicht ist, weil er auf Befriedigung seiner Neigungen ausgeht und daß man ihn darum nicht strafen könne, wenn er dem höchsten Grundsatze gemäß handelt. Allenfalls kann man ihn einer Unvorsichtigkeit, einer Uebereilung, eines Verstandesfehlers zeihen.

Dennoch aber behandelt man den muthwilligen Räuber nicht wie einen Irrenden, sondern wie einen Frevler; man belehrt ihn nicht bloß, man straft ihn auch. Und dies genehmigen selbst diejenigen, welche seine Maxime, aus Selbstliebe zu handeln, oben an stellen.

Wie könnten sie dieses, wenn nicht selbst bei ihnen im Hintergrunde der Seele ein anderes Gesetz verborgen läge, welches seine Stimme erhebt, so oft die mangelhaften Grundsätze sich durch zu sehr auffallende Folgen kenntlich machen. — Jemanden an das

Grund-

Grundgesetz der Selbstliebe weisen und eben diesen doch sträflich finden, wenn er aus Selbstliebe handelt, heißt ja im Grunde nichts anderes, als über das Gesetz der Selbstliebe noch ein anderes anerkennen, dem jenes zum wenigsten in seinen Folgen untergeordnet seyn soll.

Man drückt dieses auch immer auf eine versteckte Weise in den Zwecken und in den Gründen aus, wodurch man die Sträflichkeit erweisen will. Man straft nämlich, nicht bloß, um den Frevler zu bessern, um sein Verhalten höhern Gesetzen zu unterwerfen, sondern auch, um dadurch die Sicherheit des Staats zu bewahren. Die individuellen Maximen werden allgemeinern Regeln, der einzelne Zweck einem allgemeinern Zwecke, — die Selbstliebe wird dem allgemeinen Wohlwollen untergeordnet. Das heißt aber nun nichts anders, als die Maximen der Glückseligkeit durch Gesetze der Sittlichkeit einschränken, und diese über jene erheben.

Wenn Jemand sündigt, so folgt er sicher immer seiner Selbstliebe; man kann ihn nicht eher strafbar erachten, als bis man seine Handlungen nach einem höhern Gesetze, als dem der Selbstliebe, beurtheilt. Die Ausrede: „ich wollte meine Glückseligkeit befördern," wird verworfen und man setzt ihm entgegen: „du solltest das Gebot des allgemeinen Wohlwollens respektiren."

Die Sträflichkeit setzt voraus: daß Jemand eine Handlung nicht allein unterlassen **konnte**, sondern daß er sie auch unterlassen **sollte**. Um Jemanden eine Handlung zuzurechnen, müssen wir voraussetzen, daß er die hinreichende Ursache derselben sey, daß er in Beziehung auf dieselbe freie Kausalität habe. Wenn wir sagen: daß Jemand etwas **könne**, so legen wir ihm Vermögen bei, — oder daß Jemand etwas **thue**, so legen wir ihm Kraft bei. Der Möglichkeit liegt ein Vermögen, der Wirklichkeit eine Kraft zum Grunde. Wenn ich aber verlange, daß Jemand etwas thun **solle**, so setze ich bei ihm Kausalität durch Freiheit voraus. Wo keine Freiheit ist, da findet kein Sollen statt, sondern ein Müssen. Den Eindruck, welchen Gewaltthätigkeit auf uns macht, **müssen** wir empfinden; aber der Gewaltthätige **soll** ihn uns nicht zufügen. Wenn wir also Jemanden etwas zurechnen, so setzen wir in ihm Freiheit und Kraft durch Freiheit zu handeln voraus. Wo Jemand in der Freiheit handelt, da kommt die Handlung auf seine Rechnung und wiederum beruht die Zurechnung auf der Ueberzeugung, daß Jemand frei gehandelt habe. Wo nicht, so handelte er mechanisch und will man ihn deshalb peinigen, so ist man grausam.

Aus diesem ergibt sich nun, daß wir ohne ein höheres Gesetz, als das der Selbstliebe ist, in unserm

Benehmen auf lauter Ungereimtheiten stoßen. Was Pflicht an sich ist, kann durch kein höheres Gesetz eingeschränkt werden; nun aber schränkt man die Selbstliebe ein, folglich ist sie nicht Pflicht an sich selbst, sondern steht noch unter einem höhern sie einschränkenden Gesetze.

Nicht also das, was die Quelle der Selbstliebe ist, sondern das, was diese selbst noch einschränkt, die Freiheit muß das höchste Gesetz des Thuns und Lassens enthalten. Dieses Gesetz kann nichts anders seyn, als die Art und Weise, wodurch die Freiheit wirkt, das ist, die Vernunft. Ein Wesen, das Freiheit ist, das dieses Gesetz der Freiheit hat, es anerkennt und durch dasselbe bewegt Ursache von einer Wirkung oder einer Reihe derselben wird, muß auch, wenn es handelt, als die freie Ursache der Handlungen angesehen werden; und da es, wenn es diesen seinen höchsten und wesentlichen Gesetzen gemäß handelt, allezeit recht thut; wenn es demselben zuwider handelt, allezeit unrecht thut, und beides von ihm aus freier Kausalität, als aus einer hinreichenden Ursache kommt; so findet hier auch Zurechnung statt, folglich auch Bestrafung. — Der Mensch ist demnach nicht sträflich, weil er sich irrt, weil er sich in der Rechnung, in der Wahl der Mittel trügt; sondern weil er ein Gesetz nicht achtet, das er in sich hat, das er anerkennt, wovon er weiß,

daß

daß er es beobachten kann und soll. Er muß sich strafwürdig finden, weil er die Ruhe stört, die Sicherheit untergräbt, weil er seinen Mitmenschen wehe thut; aber zuerst und zuoberst, weil er seine Pflicht als Pflicht vergißt, weil er sich selbst unter den Werth, den er haben kann und soll, erniedrigt. Die Verletzung des innern Gebots, als solches, ist das größte Vergehen, und hierauf gründen sich alle andere Zurechnungen. Aus dem bisher Gesagten ergibt sich, daß der Grundsatz Epikurs, selbst in seinen neuern Verfeinerungen, nicht der erste Satz der Moral seyn kann und daß wir selbst durch die Folgerungen, wozu er führt, genöthigt werden, ein anderes Gesetz anzuerkennen und unter dessen Zucht die Maximen der Selbstliebe zu bringen, wenn sie ihres Zwecks nicht verfehlen sollen.

Höher, wie alle Andere, schwingt sich der Lehrer der Stoa. Erhaben ist das Ideal, welches er zur Nacheiferung aufstellt. Allein der Weise, welchen er schildert, und die Weisheit, welche er als das höchste Gut angibt, sind nicht allein nicht erreichbar in dieser Welt, wie sie doch nach seiner Vorschrift seyn sollen; sondern, so viel wir einsehen, überhaupt keinem endlichen Wesen möglich. Der Zeno'sche Weise übersteigt alles, was der Mensch nach seinem moralischen Vermögen erschwingen kann; ihn rühren keine Sinne,

rehreitzen keine Affekten; er trotzt dem Schicksale der Welt und vereinigt in seiner Person die höchste Tugend mit der größten Glückseligkeit, ist selbstgenugsam durch innern Werth. Aber so ist's und kann es dem Menschen nicht werden; er kann nicht durch Erhöhung seines persönlichen Werths seine Glückseligkeit erringen. Seine Tugend, aber nicht sein Schicksal, seine innere Veredlung, aber nicht sein Glück steht in seiner Macht. Die Natur wirkt mit unwiderstehlicher Kraft auf uns, regt unsere Begierden, entflammt unsre Wünsche und belebt unsre Hoffnungen; und können wir diesen keine andere Stütze, als die Selbstgenugsamkeit in der Tugend, keinen andern Ruhepunkt, als den innern Werth unsrer Person, geben: so muß die Stimme des sittlichen Gesetzes gar bald gegen das Toben der Neigungen verstummen. Der Mensch sieht gar bald ein, daß Tugend nicht Glückseligkeit, innerer Werth nicht zuständliches Wohl, und Selbstgenugsamkeit zwar wichtig ist, aber den Neigungen nicht die Wage hält. Sage ich ihm also, daß in der bloßen Tugend schon sein Glück bestehe: so widerlegt er mich durch den Trieb seiner Natur als einem Faktum, und zuckt, auf's gelindeste, gutmüthig die Achsel.

Aber auch selbst diejenigen, welche die Vollkommenheit zum Princip unsers Thuns und Lassens machen, treten der Sache zwar näher, gelangen aber nicht

Grad der Willigkeit gegen das, was er will. Wenn uns nun das Evangelium lehrt, Gott zu lieben, so heißt das: seinen Willen thun, aber so, daß wir das Gebot seines Willens als das eigenthümliche Gesetz oder wesentliche Handlungsart unsers Geistes erkennen. Nur dadurch, daß wir erkennen, dies Gebot Gottes sey eigenthümliches Gesetz unsers Geistes, und der Gehorsam gegen Gott fließe mit unsrer wesentlichen Handlungsart zusammen, ist es möglich, Gott zu lieben, d. i. seinen Willen von ganzem Herzen, ganzer Seele, ganzem Gemüthe und aus allen unsern Kräften zu thun. Daß aber die Liebe hier nicht Neigung der Sinnlichkeit, sondern Achtung des Geistes bedeute, fließt schon daraus, daß sie hier bei einem Gebote Gottes gebraucht wird, und folglich das Verhältniß des Unterthans zu seinem Gesetzgeber bezeichnen soll. Aber Liebe gegen einen Gesetzgeber findet nur Statt, wenn sein Gebot sich dazu qualificirt. Indem es nun heißt: du sollst lieben Gott, deinen Herrn: so kündiget sich Gott hier als Gesetzgeber an, und das Verhältniß der Menschen zu seinem Gesetze soll Liebe seyn; d. i. wir sollen uns den Willen Gottes nicht anders denken, als ein Gebot, das dem Charakter unsers selbstthätigen Geistes vollkommen entspricht. Wären wir auch solche Geschöpfe, die keine andere Handlungsart, als die unsers Geistes kennten: so

wür-

würde der Wille Gottes in unsrer Selbstthätigkeit vollkommen ausgedrückt, und indem wir durch diese Handlungsart selig wären: so würden wir diese Handlungsart, als Willen oder Gesetz Gottes betrachtet, mit dem höchsten Grade der Willigkeit vollbringen, und unser Verhältniß zu Gott würde lautere Liebe seyn. Da aber unsre übersinnliche Handlungsart durch die sinnliche Natur eingeschränkt ist: so verwandelt sich das Gesetz unsers Geistes in ein Gebot Gottes, das uns befiehlt, den Willen Gottes, als das Gesetz unsers Geistes zu befolgen. Dadurch aber, daß dies nun ein Gebot Gottes ist, welches unsre Achtung erheischt, hört doch das Grundverhältniß unsers Willens zu Gottes Willen nicht auf Liebe zu seyn. Nur mit dem Unterschiede, daß uns diese als das höchste Gut und Ziel unsers Bestrebens vorgestellt wird.

Das Princip der Sittlichkeit, welches Christus in dem Gebot der Liebe gegen Gott aufführt, ist so fruchtbar, daß er hierauf seine ganze Religion gegründet hat. Bloß dadurch, daß Liebe das Verhältniß unsers Willens gegen den Willen Gottes ist, läßt sich verstehen, wie die Religion Jesu für alle Menschen verständlich und verpflichtend seyn könne. Da kein anderer als williger Gehorsam gegen Gott gültig ist, so muß die übersinnliche Handlungsart unsers Geistes mit dem Gebote Gottes zusammen und in Eins fallen. Nur wo dieses ist, kann ein Gebot auf Liebe gegründet werden. Ist nun dieses, so muß, da allen Menschen die übersinnliche Handlungsart eigenthümlich ist, auch allen Menschen dies Gebot Gottes, so bald es ihnen nur verkündiget wird, nicht allein sogleich verständlich, sondern auch verpflichtend seyn.

Eben deshalb, weil dieser Wille Gottes zugleich eigenthümliche Handlungsart unsers Geistes ist, und bloß wegen unsrer Eingeschränktheit ein Gebot wird, kann es nicht anders erklärt werden, als dadurch: liebe Gott über Alles — oder siehe die wesentliche Handlungsart deines Geistes als den heiligen Willen Gottes an. Durch die wesentliche Handlungsart verstehen wir aber den übersinnlichen und nothwendigen Karakter des Geistes; ein göttliches Gebot, das auf ihn gerichtet ist, muß deshalb gleich nothwendig und ewig seyn, folglich ist der göttliche Wille nicht allein allen Menschen erkennbar, sondern so bald sie nur darauf geführt werden, unverkennbar und unnachlaßlich verpflichtend. Ob nun gleich dies göttliche Gebot, das in der übersinnlichen Existenz des Menschen seinen Grund hat, nicht in seiner ganzen Fülle so gleich dargelegt werden kann, so ist es doch leicht, dasselbe jedem Menschen ins Bewußtseyn zu führen. Es stellt die eigenthümliche Handlungsart und Macht unsers Geistes dar, und wir dürfen deshalb nur einem Jeden aufgeben, sich zu fragen: wie er handeln würde, wenn

er

er ohne Einfluß der Neigung und Reiz der Sinne ganz nach dem Rathe seines Geistes verführe: so wird er einen ganz eigenthümlichen Karakter in sich entdecken, und eine gesetzliche Kraft erkennen, die nicht allein nicht von der Sinnenwelt entsprungen ist, sondern so gar nicht die geringste Beeinträchtigung von der Sinnenwelt erleiden will. Er wird sich bewußt, daß er im Geiste lebt, und fühlt eine Nöthigung, in diesem Geiste, d. i. seinem wesentlichen Karakter und Gesetze gemäß zu handeln. Indem der Mensch nun wünscht und erfährt, daß dies der heilige Wille Gottes ist, so erkennt er diesen mit seinem wesentlichen Gesetze zusammenstimmend, und sein ganzer Gehorsam wird willig oder auf Liebe gegen Gott gegründet.

Es dringen sich hier demnach bei der Verdeutlichung des göttlichen Gebots Jesu folgende Wahrheiten auf. 1) Das Gebot Gottes ist auf den übersinnlichen Karakter des Menschen oder seinen Geist gerichtet. 2) Es enthält die eigenthümliche Handlungsart oder das Gesetz unsers Geistes. 3) Die Zusammenstimmung des göttlichen Willens mit dem wesentlichen Gesetze unsers Geistes macht es nothwendig, daß bei uns kein anderer Gehorsam, als ein williger oder der auf Liebe gegründet ist, Statt findet. 4) Daraus, daß das göttliche Gebot auf unsern übersinnlichen Karakter gegründet ist, erhellet, daß es allgemein, nothwendig und ewig ist, und da es 5) die einzigmögliche Handlungsart unsers Geistes ist, so kann es Jedermann erkennen, und weil es 6) die Kausalität unsers Geistes ausdrückt, so ist es für Jedermann kräftig und verpflichtend.

Dies Gebot, welches Christus in seiner ganzen Allgemeinheit und Majestät durch: liebe Gott, ausdrückt, bringt er dadurch in seine richtigste Beziehung auf unser irdisches Leben, daß er hinzufügt: liebe deinen Nächsten als dich selbst. Durch diesen Zusatz wird die Sphäre der Machthabung jenes allgemeinen Gesetzes bestimmt. Sich lieben, heißt seine Glückseligkeit befördern. Glückseligkeit ist die Befriedigung unsrer Neigungen und Wünsche. Das Verlangen nach Glückseligkeit ist allen Menschen eigen, und soll, weil keine Naturanlage zwecklos ist, im möglichsten Maße befriedigt werden. Unsre Selbstliebe soll deshalb der Maßstab des allgemeinen Wohlwollens seyn. Dies heißt mit andern Worten: befördere deine Glückseligkeit nach einem Gesetze, das du für alle Menschen gültig erkennst. Wir sehen hieraus, daß durch dies Gebot bloß dem Eigendünkel und der Selbstsucht Einhalt geschieht, und der Trieb der Natur der Zucht eines Gesetzes unterworfen wird, das in dem wesentlichen Karakter unsers Geistes gegründet und heiliger Wille Gottes ist.

Es

Es ist an sich einleuchtend, daß ein Gebot, welches in dem wesentlichen Karakter des Menschen, dem eigenthümlichen Gesetze seines Geistes, gegründet ist, das allen Menschen gleich nahe und verständlich ist, das Alle so mächtig und unnachlaßlich verpflichtet, auch das höchste Gut zur Absicht habe. Dies höchste Gut soll nun durch die Kausalität unsers Willens, der allein jenes Gesetz zur Richtschnur hat, erreicht werden, und wird uns in dem Gebote aufgegeben: Du sollst heilig seyn; denn ich bin heilig.

Diese Heiligkeit erklärt uns die christliche Lehre 1) negativ, also, daß uns die Neigungen und Naturtriebe für sich nicht zum Handeln bestimmen sollen. Der positive Werth der Heiligung besteht demnach 2) darin, daß das göttliche Gebot an sich völlige Macht über unsern Willen hat; also, daß unsre Willensbestimmung, Gesinnung und Handlung eine Wirkung und ein Erfolg der Macht des göttlichen Gesetzes ist.

Die höchste Würde, wornach der Mensch ringen soll, ist also die völlige Unterwerfung seines Willens unter den göttlichen Willen, der unbedingte Gehorsam gegen ein Gesetz, das er als eigenthümliches und wesentliches Gesetz seines Geistes erkennt — Wandel im Geiste. Gal. 5, 25.

Das Erste, was die christliche Lehre so angelegentlich verhüten will, ist, daß wir dies höchste Sittengesetz*) nie für ein fremdes, eigenmächtiges, bloß willkürliches Gesetz oder Gebot Gottes ansehen sollen. Das Evangelium Jesu will sich darin von aller andern Gesetzgebung unterscheiden, daß es durchaus Alles entfernt, was bloße Willkürlichkeit, Macht und Herrschsucht athmet; es will den Menschen in seiner höchsten Freiheit darstellen. Es verbindet deshalb das Gebot Gottes mit der wesentlichen Handlungsart unsers Geistes, und erfüllt dadurch die Bedingung der Möglichkeit eines willigen Gehorsams oder der Liebe gegen Gott. Das Christenthum will, daß der Mensch zu dem, was sein höchstes und durch ihn selbst nur mögliches Gut ist, sein eigner Gesetzgeber seyn soll. Er soll sich selbst als Machthabend, das Gesetz, aus dem er handelt, als sein eignes Gesetz, und den Gehorsam, den er leistet, als eine willige, sich selbst auferlegte, Unterwerfung betrachten. Was er thut, soll er als selbstgethan, was er läßt, als selbstgelassen ansehen. Und so mußte es auch seyn, wenn Gutes und Böses, Zurechnung und Würdigung, eigner Werth und Selbsterniedrigung Statt finden sollte. Ja das Bewußtseyn, daß man seiner eignen Gesetzgebung

---

*) Ein Gesetz, das die Kausalität unsers Willens auf unser Thun und Lassen bestimmt, ist ein Sittengesetz.

bung und in dieser dem Willen Gottes gehorcht, ist so unumgänglich nothwendig, daß der Christ, so bald er diesen Gedanken verläßt, auch sogleich vom Sinne Christi abweicht. Seine ganze Bemühung war hierauf mit gerichtet. Darum eröffnete er seine Laufbahn mit der Buße, und führte die Menschen auf das Gesetz ihres Geistes und auf seinen Wächter, das Gewissen; daher drangen seine Worte wie feurige Pfeile in die Seele, und machten selbst den verstocktesten Bösewicht aufmerksam. Daher ist seine Lehre ein Evangelium, eine wohlthätige Zurechtweisung, die dem menschlichen Geiste nie willkommener seyn konnte. Aber der Mensch darf auch nie den Gedanken verlieren, daß dies Gesetz Jesu der Wille Gottes sey. Dies Gesetz gehört seinem Geiste und eröffnet ihm sein übersinnliches Daseyn; es ist in seiner Freiheit und Unabhängigkeit gegründet, und knüpft ihn an ein Reich, das bleibend und ewig ist; in diesem Himmelreiche ist er aber, ob gleich nach eigner Gesetzgebung handelnd, dennoch abhängig von einem Oberhaupte, dessen Willen er in dem eignen Gesetze seines Geistes gehorchen, und dadurch seinen höchsten Gesetzgeber im Geist und in der Wahrheit anbeten soll.

Es ist in der That etwas Erhabenes, und die christliche Lehre zeigt sich hier in ihrer ganzen Herrlichkeit, indem sie uns zeigt, daß das eigenthümliche Gesetz

setz unsers Geistes zugleich der heilige Wille Gottes ist. Daß der Wille Gottes in dem wesentlichen Gesetze unsers Geistes befolgt werde, lehrt nun zwar das Gebot Jesu, welches Liebe gegen Gott befiehlt, und läßt sich auch aus diesem ganz apodiktisch darthun; wie fruchtbar aber dies Gebot, und wie nöthig die Vereinigung unsers geistigen Gesetzes mit dem göttlichen Gebote sey, wird erst aus der Folge erhellen.

Das Christenthum enthält demnach erstlich die vollkommenste Gewissensfreiheit oder Machthabung unsers eignen Geistes über sein Thun und Lassen; ja Christus erkennt keine andere Gesinnung für fromm und gerecht vor Gott, als die aus Achtung für das eigne Gesetz unsers Geistes, oder aus der Machthabung des Gewissens entspringt. Aber dies war auch der Stein des Anstosses für die damaligen Zeiten und Menschen. Man wollte von keiner andern Handlung wissen, als die nach dem Buchstaben des Gesetzes lautete. Von einem geistigen Gesetze, das durch eigne Macht den Willen bestimmten, und durch's Gewissen gleich einer göttlichen Gerechtigkeit über die Gesinnung wachen sollte, wollte der im Buchstaben ertödtete Mensch nichts hören. Am wenigsten wollte sich der herrschsüchtige Priester in Jerusalem dazu bequemen; denn sein Eigensinn und Stolz, seine Habsucht und Ueppigkeit, ja sein in Lastern er-

trun-

trunkener Sinn stürmte gegen die sanften und holden Winke einer Gesetzgebung, die eben so liebreich als strenge gebot. Durch das Christenthum sehen wir uns zweitens in der erhabensten Verbindung, indem uns eben das Gesetz der Freiheit, das sich unser Geist selbst auferlegt, und das aus eigner Macht unsern Willen bestimmen und unsre Heiligung bewirken kann, als der ernstliche Wille des höchsten Gesetzgebers verkündiget wird. Hierdurch sehen wir uns in ein ewiges Reich versetzt, welches Christus das Himmelreich nennt. In dieses Reich soll der Mensch nicht erst nach dem Tode kommen; sondern er ist schon jetzo in so fern in demselben, als er ein Gesetz dieses Reichs als das seinige anerkennt, und aus demselben, das ist, seinem übersinnlichen Karakter gemäß, handelt, oder im Geiste wandelt. Denn dies ist die Grundidee, welche mit dem Ausdrucke des Reichs Gottes bezeichnet werden soll. Hierdurch wird die Gesellschaft Jesu von jeder andern und irdischen unterschieden und nur hierdurch kann es ganz verständlich werden, wenn Jesus sagt: „Mein Reich ist nicht von dieser Welt." Sein Reich sollte ein bloß moralisches seyn, worin allein das Moralgesetz machthabend seyn und die sittliche Dignität des Menschen als eines Bürgers in dem Reiche sittlicher Wesen befördert und erhöht werden sollte.

Das Dritte, welches Christus eben so angelegentlich wiederum einschärft, ist der unbedingte Gehorsam gegen das göttliche Gebot. Da das Christenthum den Menschen von allen willkürlichen Gesetzen und Menschensatzungen entbindet, und das, was Sache der Religion ist, durch ein Gesetz geleistet haben will, welches sich der Mensch selbst auferlegen, und worüber allein sein Gewissen wachen soll: so könnte es gar leicht geschehen, daß der Mensch seine christliche Freiheit als Gesetzlosigkeit ansähe, und seine Entbindung vom Buchstaben des Gesetzes zum Deckmantel der Bosheit gebrauchte *). Wirklich finden wir auch, daß der Apostel Paulus schon nöthig hatte, gegen solche Verdrehungen zu eifern. Christus beugt dieser Verirrung dadurch am sichersten vor, wenn er zeigt, daß 1) das Princip seiner Moral das höchste Gebot ist, welches der Mensch auf sich hat; das also unsern Willen ehe und bevor bestimmen muß, als noch irgend ein anderer Grund der Bestimmung hinzu kommt. Es ist auch durchaus klar, daß dies Gebot ein wesentliches Gesetz unsers Geistes und in unserm ewigen Karakter gegründet ist, und folglich niemals ohne Nachtheil unsers Geistes und Wegwerfung unsrer Person geschwächt

---

*) Wie sich der Apostel Paulus ausdrückt, und dadurch zugleich der Meinung widerspricht, als wäre die christliche Freiheit bloß etwas Negatives. Sie ist nicht bloß Entbindung vom Buchstaben, sondern Selbstgesetzgebung.

geschwächt werden kann. Christus stellt 2) uns dies Gesetz als ein solches vor, welches uns, als Mitglieder des Reichs Gottes, angeht. Da wir nur Kraft dieses Gesetzes Antheil am Himmelreiche haben, und nur in so fern von unsrer ewigen Existenz Etwas wissen, als wir aus diesem Gesetze handeln: so versteht sich von selbst, daß dies Gesetz die höchste gesetzliche Kraft habe, und eine unnachlaßliche Pflicht gründe. Eben deshalb lehrt Christus 3) daß, ob wir gleich durch sein Evangelium von allen eigensüchtigen Gesetzen und willkührlichen Satzungen entbunden, in völlige Freiheit gesetzt, und unsrer eignen Gesetzgebung überlassen sind, daß diese eigne Gesetzgebung nichts desto weniger, als heiliger Wille Gottes angesehen werden müsse, und daß sie viel weiter reiche und strenger gebiete, als irgend eine fremde Gesetzgebung. Sie reicht durch alle Epochen unsrer übersinnlichen und ewigen Existenz, verpflichtet alle vernünftige Wesen. Der Seraph findet im Gehorsam gegen dieses Gesetz seine Seligkeit; ja selbst der Stifter unsrer Religion ging durch Gehorsam gegen dies Gesetz zu seiner Herrlichkeit ein. Er ward gehorsam bis zum Tode, heißt es, ja bis zum Tode am Kreuz, darum hat ihn auch Gott erhöhet ꝛc.

Wir erkennen uns also als Anhänger Jesu in einem Gesetze, das mit dem Wesen unsers Geistes besteht,

besteht, und für alle vernünftige Wesen gültig ist. Da dies Gesetz die wesentliche Handlungsart unsers Geistes ist, so gehorchen wir in der Ausübung desselben zwar unsrer eignen Gesetzgebung; wir sollen und müssen aber diesen Karakter unsrer übersinnlichen Existenz zugleich als den Willen Gottes, und die Macht jehes Gesetzes als das Gebot unsers höchsten Gesetzgebers ansehen. Wenn nun die Unterwerfung unsers Willens unter das Gesetz des Geistes eine gewisse Seelenhoheit und Selbstzufriedenheit gewährt; so reißt sie uns zugleich zur innigen Anbetung vor Gott hin, indem wir in diesem Gesetze seinen heiligen Willen erkennen. Das Gesetz Jesu wirkt auch in allen Menschen mit solcher Macht, und gebietet, je reiner wir es erkennen, mit solcher Unpartheilichkeit und Strenge, daß ihm weder Glück noch Unglück, weder Verfolgung noch Gunst, weder Furcht noch Hoffnung Eintrag thun, ja weder Tod noch Leben uns von der Liebe Gottes abwendig machen sollen. Es herrscht in dem Gebote eine solche Einheit, daß wer im geringsten Theile gegen dasselbe verstößt, dem ganzen Gesetze schuldig ist; und es ruht auf solcher Feste (dem Willen des höchsten Gesetzgebers, und dem übersinnlichen Karakter der Geschöpfe desselben), daß es bleiben wird, wenn gleich Himmel und Erde vergehen.

Dies

Dies ist also das christliche Sittengesetz, welches wir in seiner Strenge und Lauterkeit aufzustellen bemüht gewesen sind. Groß und herrlich erscheint es unserm Geiste, strenge und majestätisch unserm Herzen. Es entbindet uns von den Lasten des Aberglaubens, der Täuschung und Menschensatzungen; macht unsern Geist zu seinem Gesetzgeber, Wächter und Richter; setzt uns in die edelste Freiheit, und öffnet uns ein Reich, das hehr und groß, wie ewig und heilig das Gesetz, ist. Aber streng und majestätisch gebietet es dem Erdensohne; mächtig durch sich selbst verschmäht es jede Gunst; beugt den Eigendünkel; verwirft die Anmaßung; zähmt die Selbstsucht, und verstößt jede Neigung niedriger Art. Nicht Belieben, sondern Pflicht; nicht Verdienst, sondern Schuldigkeit ist der Gehorsam, den es fodert. Vor Allem mag der Uebertreter sich verbergen, nur nicht vor den Augen dieses Gesetzes; Allem entfliehen, nur nicht seiner Macht. Es spürt in jeder Falte des Herzens, und verfolgt jeden nichtigen Gedanken. Kurz, dies Gesetz ist „der heilige Wille Gottes dem Menschen in's Herz geschrieben."

Vergleichen wir nun diese Sittenlehre Jesu mit allen Systemen älterer und neuerer Zeiten; so glänzt sie unter ihnen, wie die Sonne am Himmel. Alle Systeme legen es darauf an, dem Menschen bloß Regeln

geln des klüglichen Verhaltens in seinen irdischen Verhältnissen zu geben, und wenn auch Einige dadurch, daß sie die Vollkommenheit zum Princip der Moral machten, Etwas mehr anzuwinken scheinen, so kehren sie doch in der Ausführung gar bald zur bloßen Glückseligkeitslehre zurück. Nur allein Jesus setzt die reine Tugend oben an, und lehrt uns jede Vollkommenheit der moralischen nachsetzen.

Dieses erhabne Gesetz, welches uns Jesus gibt, ist der Grund seiner ganzen Religion, und wir dürfen nur Alles aus diesem Princip wie an einem Faden abspinnen. Es ist zu bewundern, daß die christlichen Lehrer nicht längst diesen Weg eingeschlagen haben, um ihrem Religionssystem Bündigkeit, Ordnung und Liche, ihren Lehren aber die höchste Evidenz zu geben. Dies Gesetz Jesu ist wahr und einleuchtend. Jeder erkennt es, so bald er nur darauf geführt wird; ja es ist kein Mensch so schwachköpfig und kein Bösewicht so verstockt, der dieses Gesetzes Macht nicht anerkennen müßte. Kurz, dies Gesetz Jesu offenbart sich durch die That, und steht fest. Nun darf man nur, da dies Gebot Jesu apodiktisch ist, die Bedingungen erwägen, wodurch es möglich ist, und die Folgen, wozu es berechtigt ist, kurz Alles, was in einem nothwendigen Zusammenhange mit diesem Gesetze steht; so bekommt man eine Religion, die nie erhabner und

wohl-

wohlthätiger seyn kann. Jesus heftet auch alle seine
Lehren genau an dies heilige Gebot seines himmlischen
Vaters, und thut dies mit einer Gemeinverständlich;
keit, die jedem Zuhörer ins Herz bringen muß. Aber
eben das Plane und Deutliche scheint den Mehresten
nicht anzustehen; sie gehen auf tiefe Weisheit aus,
und verlieren sich indessen in unnütze, oder wohl gar
sehr nachtheilige Spitzfindigkeiten. Allein, wenn gleich
Jesus und seine Jünger seine Religionslehren so plan,
wie es nothwendig war, und unsystematisch, wie es
scheint, vortrugen; so ist die Religion selbst doch nichts
weniger, als unzusammenhängend und willkürlich.
Vielmehr greifen alle Theile so in einander, daß im
ganzen Ernste von der Lehre Christi kein Titel ab-
oder zugethan werden kann, wenn man nicht entweder
in Schwärmerei oder selbstklugen Eigendünkel verfal-
len will. Es sollte doch aber auch Jedermann bedenken, daß ein Gesetz und Wahrheiten, die mit demselben zusammenhängen, die für das ganze Menschen-
geschlecht heilsam seyn sollen, auch allen Menschen
gleich nahe und verständlich seyn müssen. Sie müssen
dem gründlichsten wie dem gemeinsten Menschenver=
stande gleich einleuchten. Dennoch aber ist es gut,
der lautern Religion auch wissenschaftliche Strenge
und Form zu geben; nicht, um sie dadurch etwa zu

ver=

verschönern, sondern bloß um sich zu verwahren, daß man ihr eben so wenig Etwas aufbürde, als entziehe.

Das Erste und Wichtigste, welches die Lehre Jesu in ein helleres Licht setzt, und worauf ihr Grundgesetz erbauet ist, ist die Freiheit.

Achter Abschnitt.

Freiheit.

Die Lehre von der Freiheit des Menschen ist ein so wesentliches Stück der christlichen Religion, daß sie ihre ganze Würde und Kraft von einer richtigen Vorstellung derselben erwartet.

Alle Bemühung durch bloße Forschung der theoretischen Vernunft ist vergebens, uns einen vollständigen Begriff von der Freiheit, diesem erhabnen Gute des Menschen, zu geben. Wir sehen, wie schwankend die Vorstellungen hiervon waren, ehe Christus lehrte, und wie sehr sich die Vernunft verwickelt, wenn sie unabhängig von der Sittenlehre dieses Kleinod des Menschen erklären will. Bald soll es ein gewisser Spielraum seyn, innerhalb welchem der Mensch Gottes Regierung entbehrt, bald ein deutliches Bewußtseyn der Endabsichten unsrer Handlungen. Man bemüht sich, Etwas, was nicht innerhalb der Natur angetroffen wird, doch nach den Gesetzen der Natur zu erklären; man hält Etwas für bloß spekulativ, was

G allein

allein praktisch ist, für abgeleitet, was als oberste Bedingung allen Folgesätzen zum Grunde liegt. Einige neuere Hypothesen schieben die Frage mehr hinaus, als daß sie sie beantworten sollten. Man denkt sich die Freiheit in einem Konflikt mit der göttlichen Providenz und glaubt das Widerspiel dadurch zu heben, wenn man sagt: "die Vorsehung wirke im Allgemeinen nach unwandelbaren Gesetzen der Natur, nur bey einem jeden eignen Vorfalle trete sie nicht besonders hinzu." — Vorsehung im Allgemeinen, aber nicht im Besondern. — Wo hebt das Allgemeine in der Welt an und wo hört es auf und beginnt besonders zu werden? Hängt nicht vielmehr das Allgemeine mit dem Besondern und dieses mit jenem zusammen? Wer will und vermag hier eine Gränze zu ziehen? Was dem Menschen sehr partikulär vorkommt, ist es darum noch nicht in dem Plane des Ganzen. Und wie? ist das Besondere etwa minder abhängig vom Ganzen, als das Allgemeine? Ist Gottes Fürsehung zum Allgemeinen nöthig, was suspendirt das Besondere von derselben? Die unwandelbaren Naturgesetze gelten auch für die besonderen und eigenen Fälle, und aus eben den Ursachen, warum Gott nicht nöthig hat, im Allgemeinen ausserordentlich zu zutreten, geschieht es auch, daß er im Besondern nicht zutritt. Die unwandelbaren Gesetze

setze der Natur bleiben; allein alles, was unter diesen vorgeht, das Allgemeine und Besondere, steht unter der Fürsehung Gottes; denn am Ende kommt doch alles von ihm her, ist und besteht durch ihn und geht nach seinen Endabsichten fort.

Jedoch wir wollen diese Streitfrage hier nicht nach allen ihren Seiten erörtern, deren Entscheidung sich zuletzt mehr auf eine moralisch gegründete Hoffnung, als theoretisch erweisliche Einsicht beschränken würde. Uns liegt hier bloß ob, zu untersuchen, ob jene Hypothese oder eine ähnliche etwas zur Erklärung des Problems der Freyheit beiträgt oder nicht; und ich verneine dieses. Denn die Hypothese gründet sich auf Erklärungen nach Naturgesetzen und will die Freiheit als ein in der Natur bestehendes Naturding begreiflich machen. Aber dieses ist nicht möglich. Denn ist die Freiheit ein Naturding, so steht sie unter Naturgesetzen, wirkt nach und in denselben, ist selbst der Naturnothwendigkeit unterworfen, das heißt, es ist keine Freiheit. In der Natur ist ferner alles bedingt; alles steht unter höhern Bedingungen, und was geschieht, läßt immer noch eine Frage nach seiner Ursache zu. Jedoch wird die Reihe der Bedingungen vollendet und wir gelangen in der Natur nie bis zum Unbedingten. Daher heißt: die Freiheit in die Natur setzen, nichts anders, als sie den Gesetzen der Natur

noth-

nothwendigkeit unterwerfen, wodurch denn im Grunde schon der Begriff der Freiheit selbst vernichtet wird.

Es würde demnach ganz unmöglich seyn, die Freiheit des Menschen zu retten, wenn wir keinen andern Leitfaden als bloße theoretische Forschung in und nach der Natur und ihrer Gesetzmäßigkeit vor uns hätten.

Welches ist nun der Leitfaden, die Freiheit zu entdecken und sie als eine unläugbare Voraussetzung vor allen Schikanen einer vernünftelnden Grübelei zu sichern? — Kein anderer, als das Gesetz der Freiheit. Dieses erkennen wir als Thatsache; dieses ist uns immer und überall gegenwärtig und wir sehen ein, daß es nicht nur nicht ein Naturgesetz, sondern selbst über alle Naturgesetze erhaben ist; ja diesen mit majestätischem Ernste gebietet, sie sich ohne Ausnahme unterwirft und zu seinem Dienste gebraucht.

Dies Gesetz nun, weil es in der ganzen, weder formalen noch materialen, Natur angetroffen wird, ist — kein Naturgesetz. Weil es sich die ganze Natur, sowohl ihrem Inhalte als ihrer Form nach unterwirft und zinsbar macht, ist — über die Natur; und weil es durch sich selbst Kausalität im Reiche der Natur hat, so ist es — ein freies Gesetz; folglich das Subjekt dieses Gesetzes, in Beziehung auf dieses Gesetz, eine Freiheit, das ist, ein Wesen, welches

ches durch sich selbst und nach seinem ihm eigenthümlichen Gesetze Ursache von Wirkungen seyn kann und auch ist.

Auf solche Art hat der Mensch ein Vermögen *), durch sich selbst und nach seinem eigenen Gesetze Erscheinungen zu verursachen; das ist, er hat Freiheit oder ist in dieser Rücksicht eine Freiheit, ein moralisches Wesen, ein Bürger im Reiche der Zwecke, Kind Gottes, Berufener des Himmelreichs.

Die Freiheit nun und ihr Gesetz, wodurch sie sich ankündigt, gehören nicht zur Natur, zur Sinnenwelt, wohl aber ihre Wirkungen; und wenn diese gleich durch eine übersinnliche Ursache gewirkt werden, so können sie doch nur in der Sinnenwelt zur Wirklichkeit kommen, müssen also den Gesetzen derselben gemäß bewirkt werden **).

Diese Rechtfertigung des Begriffs der Freiheit leistet, was sie soll, und was erforderlich und hinreichend ist; sie übernimmt aber auch nicht mehr, als sie

---

*) Welches allein durch das Gesetz dieses Vermögens deducirt werden kann.

**) Nach diesem ließe sich mit dem Ausdrucke eines Spielraums auch ein paßlicher Sinn verbinden. Der Spielraum würde nämlich die Sphäre andeuten können, innerhalb welcher, nach Maßgabe der Kräfte eines Menschen, durch ihn Wirkungen aus Freiheit möglich sind. Daß diese Sphäre enger und weiter seyn und in der Folge immer größer werden könne, ergibt sich daraus, daß die moralische Vollkommenheit immer zunehmen soll.

sie verantworten kann. Denn wir behaupten dadurch keine Einsicht in das Wesen der Freiheit, sondern zeigen nur, daß sie angenommen werden müsse, weil ihr Gesetz da ist.

Hätte man auf theoretische Erklärung Verzicht gethan und sich bloß mit einer moralischen Erörterung begnügt, so würde man manche Fehltritte vermieden haben und in der Sache weiter gekommen seyn.

Ich behaupte nun, daß dieser praktische Begriff der Freiheit bey dem Christenthume eigentlich zum Grunde liege und daß sich auf ihn alle Erörterungen in dieser Hinsicht konzentriren.

Auch vermeidet das Christenthum alle weitaussehende Plane einer üppigen Spekulation und geht einen so offenen und gebahnten Weg, daß man sich wundern muß, wie der menschliche Verstand diese lichte Bahn verlassen, und das in düstern Irrgängen suchen konnte, was klar und verständlich vor Jedermann da lag. Allein, auch hier zeigt es sich, wie oft man seinen gesunden Augen nicht traut, das, was vorliegt, übersieht, und lieber ausgeht, um in entfernten und ungebahnten Regionen mühsam und fruchtlos zu spähen.

Die

Die Freiheit macht den ganzen Vorzug und eigenthümlichen Werth des Menschen aus, und ist die Grundsäule des Christenthums. Christus räumt deshalb zuerst alle Hindernisse weg, die der wahren Freiheit entgegen stehen, alle lästige und unnütze Gesetze, alle Ceremonien ohne Geist, alle Handlungen ohne Leben, alle todte Satzungen der jüdischen Religion und eigensüchtige Gebote ihrer Handhaber, allen Aberglauben seiner Zeit, in so fern er der wahren Herzensbesserung zuwider war, alle Schwärmerei, die die wahre Frömmigkeit in eitle Vorspiegelung der Phantasie setzt, alle religiöse Heuchelei (z. B. der Pharisäer), die Gottseligkeit gleißt und Laster hehlt, allen Unglauben, der den Eigendünkel nährt und der Selbstsucht fröhnt. Erst nach Aufhebung aller dieser Hindernisse und Abwürdigung aller unfruchtbaren Lehrmeinungen eröffnet er sich die Bahn, den Menschen auf sein edelstes Gut, seine Freiheit, zu führen. Thut Buße! ist sein Zuruf, und dadurch winkt er eine Beschäftigung des Geistes an, die alle todte Gesetzbeobachtungen weit hinter sich zurück läßt. Die Buße regt und schärft das Gewissen, und öffnet die Quelle der eignen Gesetzgebung.

Beyläufig bemerke ich, daß der Ausdruck Buße in der ursprünglichen Bedeutung eigentlich nicht das sagt und in der hergebrachten Bedeutung nicht das alles erschöpft, was die Schrift unter Metanoia verstanden

standen wissen will. Aber auch die anderen Wörter, welche man dagegen aufgestellt hat, z. B. Sinnesänderung, Besserung, treten zwar der Sache etwas näher, allein sie dienen doch auch mehr zur Erklärung, als daß sie den ganzen Sinn des urschriftlichen Ausdruks füllen und dieselbe Energie bey sich führen sollten. Ich gestehe, daß ich in unsrer deutschen Sprache kein Wort kenne, welches dem Griechischen völlig entspräche. Da nun einmahl die populäre Sprache den Ausdruck der Buße aufgenommen und ihn für die in der Schrift bezeichnete Sache gleichsam sanktionirt hat: so, dünkt mich, behalte man ihn so lange bey, bis man einen ganz angemessenen gefunden hat, und sucht durch eine bestimmte Realerklärung den etwanigen Mißdeutungen zu begegnen. Ich finde den Ausdruck, dessen sich Christus und seine Freunde zur Eröffnung ihrer Absichten bedienten, so meisterhaft, daß ihm schwerlich ein anderer zur Seite gestellt werden kann. Er rückt urplötzlich den Hauptzweck Jesu, welcher moralische Besserung erzielte, unter die Augen; winkt eine Rückkehr zur eigenen Gesetzgebung an und befiehlt eine nach dieser angestellte Selbstprüfung, Selbsterkenntniß und Selbstveredlung.

Indem nun Christus jede fremde, willkürliche und unfruchtbare Gesetzgebung aufhebt, und alle Hindernisse in der Freiheit vernichtet, und eben dadurch

Anar=

Anarchie und Geſetzloſigkeit einzuführen ſcheint, begegnet er dem verlegenen Geiſte des Menſchen auf eine überraſchende Art, daß er durch Anregung ſeiner eigenthümlichen Kraft und Schärfung des Gewiſſens ihn auf ein Geſetz führt, das alle Geſetze unter ſich begreift, und ſtrenger und heiliger iſt, als irgend ein Geſetz, das gegeben werden mag. So entfernt Chriſtus den fremden und unfruchtbaren Buchſtaben, und unterwirft uns der eigenen geſetzgebenden Macht unſeres Geiſtes. Er zeigt uns, daß unſere Freiheit in der Auferlegung und Befolgung des Geſetzes unſers Geiſtes beſtehe; er hebt dies Geſetz zur höchſten Würde und unverletzbaren Heiligkeit, indem er uns lehrt, daß es ſelbſt der heilige Wille Gottes ſey. Unſre chriſtliche Freiheit beſteht alſo 1) negativ in der Erlöſung von allen unfruchtbaren Geſetzen und eigenſüchtigen Satzungen eines fremden Willens, in der Entbundenheit von Allem, was Natur heißt und aus ihr entquillt, und 2) poſitiv in dem Vermögen einer eignen Geſetzgebung; wo wir uns zu einem Geſetze, das wir uns ſelbſt auferlegen, auch unnachlaßlich verpflichten, und uns bewußt ſind, in dem Gehorſam gegen dies Geſetz als Unterthanen eines himmliſchen Reichs den heiligen Willen des höchſten Geſetzgebers zu erfüllen. Dies iſt der einzigrichtige Begriff von der religiöſen Freiheit, aber auch der würdigſte und erhabenſte, welchen nur der Mensch faſſen kann. Es iſt dies in der That eine bewundernswürdige und herrliche Einrichtung Gottes; aber ſie gibt uns auch eine entzückende Idee von ſeinem Reiche und ſeiner Regierung. Denn herrlicher und vollkommner kann wohl keine Verfaſſung ſeyn, als wo in der eignen Geſetzgebung jedes einzelnen Unterthans zugleich der Wille des Oberhaupts enthalten iſt, und vollbracht wird. Allein dieſe himmliſche Eröffnung Jeſu ſollte uns ſchon zur herzlichen Treue und Verehrung gegen ihn hinreißen*).

Ich ſage: die Freiheit negativ genommen, beſteht in der Entbundenheit von Allem, was Natur heißt und aus ihr entquillt. „Entbundenheit von Allem, (wendet man ein) was Natur heißt und poſitives Vermögen eigner Geſetzgebung, das doch nur ſelbſt in der Natur zu finden iſt: dies ſcheint ein Widerſpruch zu ſeyn."

Ja es ſcheint auch nur ſo. Ich will mich erklären. Das Wort Natur iſt vielſchichtig und wird in mancherlei Bedeutung genommen. Natur in formaler

---

*) Beyläufig bemerke ich, daß jede irdiſche Regierung ſehr wohl thäte, wenn ſie ſich dies vollkommne Ideal der göttlichen Regierung zum Muſter nähme, und ganz dahin arbeitete, daß ſie in der eignen Geſetzgebung der Unterthanen ihren Willen zu erreichen, das iſt, alle ihre Geſetze ſo viel möglich auf Liebe zu gründen ſuchte. Es iſt doch nichts ſchöner, als williger Gehorſam.

ler Bedeutung zeigt den ersten innern Grund alles dessen an, was zum Daseyn eines Dinges gehört und hiernach gibt es so viele Naturen und Wissenschaften davon, als es spezifisch verschiedene Dinge gibt. In materieller Bedeutung bezeichnet es den Inbegriff alles dessen, was da ist, was also ein Gegenstand unsrer Sinne, folglich der Erfahrung seyn kann. Man versteht demnach hierunter das Ganze aller Erscheinungen, die Sinnenwelt und schließt folglich alles von der (materiellen) Natur aus, was nicht Gegenstand der Sinne ist und werden kann.

Nun behaupte ich, daß die Freiheit zur Natur nicht gehöre, weil sie kein Gegenstand der Sinne ist und in dem Ganzen der Erscheinungen nicht vorkommt, auch nicht vorkommen kann. Sie gehört so wenig für den innern als für den äußern Sinn; so wenig zur Seelen- als zur Körper-Lehre, denn Diese erwägt die ausgedehnte, Jene die denkende Natur. Die reine Philosophie ist nun entweder die formale oder materiale. Jene beschäftigt sich mit der bloßen Form des Verstandes und der Vernunft, mit den allgemeinen Regeln des reinen Denkens überhaupt, ohne auf irgend ein Objekt, was gedacht werden soll, Rücksicht zu nehmen. Dies ist die Wissenschaft der Regeln des allgemeinen Denkens überhaupt, der Form der Begriffe, Urtheile und Schlüsse — die Logik; diese,

die

die materiale, hat es mit beſtimmten Gegenſtänden zu thun, erwägt dieſe und die allgemeinen Geſetze, denen ſie unterworfen ſind; ſo weit es aus bloßen Begriffen oder mit der reinen Vernunft geſchehen kann — Metaphyſik. Die Gegenſtände dieſer materialen reinen Philoſophie, der Metaphyſik, ſind nun wiederum zwiefach; entweder ſie gehören zu dem Inbegriffe der Erſcheinungen, zur materiellen Natur, ſind Gegenſtände der Erfahrung, oder ſie liegen auſſerhalb der Sphäre der Erfahrung, ſind übernatürlich. Beide Gegenſtände, ſowohl die der Erfahrung, als die über alle Erfahrung, werden ihre eignen Geſetze haben. Daher wird eine Wiſſenſchaft der Geſetze der Natur, der körperlichen und denkenden, und auch eine Wiſſenſchaft der Geſetze des Uebernatürlichen möglich ſeyn. Da wir nun von dem Uebernatürlichen allein die Freiheit erkennen, in ſo weit ſie ſich durch ihr Sittengeſetz ankündigt; ſo wird dieſe auch allein für uns einen Gegenſtand der Wiſſenſchaft des Uebernatürlichen ausmachen. Daher wird die materielle reine Philoſophie in zwei Theile zerfallen; in die Wiſſenſchaft der Geſetze der (ausgedehnten und denkenden) Natur, Metaphyſik der Natur; und in die Wiſſenſchaft der Geſetze des Uebernatürlichen, der Freiheit, Metaphyſik der Sitten. Jene wird, um es kurz auszudrücken, eine allgemeine Phyſik und dieſe eine allgemeine Ethik ſeyn.

Hieraus

Hieraus wird es deutlich seyn, warum ich sagte, daß die Freiheit nicht überall in der Natur angetroffen werde; weil ihre Gesetze ganz andere Gesetze, als die der Natur, als aller uns durch Erfahrung erkennbaren Gegenstände sind. Sie ist also gar nicht in der Natur zu finden und folglich auch nicht darin zu suchen; sondern wir würden von ihr gar nichts wissen, wenn sie nicht ihre Existenz durch ein ihr eigenthümliches und ganz übernatürliches Gesetz kund machte. In der Natur ist alles bedingt und Nothwendigkeit; so nicht mit der Freiheit, bey ihr alles unbedingt und frei. Sie wird daher nicht durch Natur bestimmt, sondern sie bestimmt sich selbst; sie ist entbunden von aller Nothwendigkeit der Natur, ist über diese erhaben und macht sich dadurch kenntlich, daß sie, als eine unbedingte Selbstthätigkeit, sich schlechterdings durch sich selbst und nach ihrem eignen Gesetze bestimmt und eine Reihe von Erscheinungen selbst anfängt.

Nicht also die Freiheit an sich, wohl aber ihre Wirkungen gehören zur Natur. Diese hängen unter sich nach Naturgesetzen zusammen, allein in Beziehung auf die Freiheit, als ihre unbedingte Ursache, haben sie einen ersten Anfang und es findet bey ihnen, in so fern sie durch Feiheit gewirkt sind, weiter kein Rückgang zu ihren Gründen Statt.

Der Mensch nun als Subjekt des Moralgesetzes ist eine Freiheit, ein Ding an sich, ein ΟΝΤΩΣ ΟΝ, der letzte und höchste übersinnliche Grund alles dessen, was seine sinnliche Existenz ausmacht und diese ist bloß eine Folge dessen, was Uebersinnlich in ihm ist. Daher muß die übersinnliche Existenz unter gar keiner sinnlichen Bedingung stehend gedacht werden. Als Freiheit ist der Mensch weder im Raume, noch in der Zeit, sondern alles, was den empirischen Karakter des Menschen ausmacht, seine Erscheinung und Wirkung in der Sinnenwelt, ist nur als Folge des übersinnlichen Grundes anzusehen. Daher kann man nicht sagen: die Freiheit ist in der Natur des Menschen gegründet; sondern vielmehr umgekehrt: die Natur des Menschen ist in seiner Freiheit gegründet. Wie? das läßt sich nun nicht weiter angeben, weil wir die Freiheit an sich nicht kennen; sondern ihre Existenz bloß aus ihrem Gesetze und den Wirkungen nach demselben abnehmen.

Hiermit denke ich den etwanigen Mißverstand gehoben zu haben, so weit er auf die nachfolgenden Betrachtungen einen nachtheiligen Einfluß haben könnte. Nur einem Einwurf will ich noch begegnen. Man sagt: „das Gesetz der Sittlichkeit liege offenbar in der Natur des Menschen. Woher hätte sonst Plato seinen Sokrates können sagen lassen: man muß die

Gott=

Gottheit, weil sie heilig und gut ist, über alles; man muß seinen Nächsten mit Aufopferung seines Lebens lieben; man muß die Gesetze des Staats ehren, seine Neigungen beherrschen und vollkommen zu werden suchen, wie die Gottheit. Woher hätten Plato und Andere diese Lehrsätze, wenn sie nicht das Gesetz der Vernunft über die Sinnlichkeit waren? Es sey zum Theil ein Princip für die Gesellschaft. Es mache in derselben Aufopferungen zur Beförderung des allgemeinen Glücks und richtigen Gebrauch der Neigungen nothwendig." So weit ist dieses ganz richtig bemerkt, aber nun schließt man weiter: „Wie können wir also dasselbe ausser der Natur suchen, in welche es durchaus verwebt ist, und sagen: daß es weiter reiche, als die Natur; da die Natur sein Bedürfniß zu ihrer eignen Erhaltung fühlt und nur innerhalb ihrer Gränzen anwenden kann? Und ist dies Gesetz im eigenthümlichen Karakter unsers Geistes anzutreffen, so ist es ja in der Natur der Menschheit."

Was ich unter Natur verstehe, habe ich schon auseinander gesetzt. Sie ist nämlich nichts anders, als materiell, der Inbegriff der Gegenstände einer möglichen Erfahrung und formell, die allgemeinen Gesetze derselben. Hier ist alles bedingt und läuft am Faden der Nothwendigkeit ab. Der Mensch gehört nun freilich auch zu dieser Natur, aber nur als Erscheinung.

nung. Man muß bey ihm zweierlei unterscheiden, seinen sinnlichen und übersinnlichen Karakter. Jener gehört zur Natur, ist den Bedingungen, Gesetzen und Einschränkungen derselben unterworfen. Dieser gehört nicht nur nicht zu ihr, sondern ist über dieselbe und der Grund des Sinnlichen am Menschen. Wollen wir nun nicht geflissentlich die Worte verwechseln und sagen, daß die in etwas Anderem gegründete sinnliche Natur des Menschen in seiner sinnlichen Natur gegründet sey; so müssen wir doch lieber ganz verschiedene Dinge mit verschiedenen Namen bezeichnen. Das, was nun den Grund der sinnlichen Existenz enthält und wovon diese nur als Folge anzusehen ist, nenne ich den übersinnlichen Karakter des Menschen. Dieser besteht in einer absoluten Spontaneität und offenbart sich durch ein ihm ganz eigenthümliches Gesetz und zeigt uns so fort an, daß wir Kraft unsrer Freiheit oder sittlichen Existenz über alle Natureinschränkung und Hinfälligkeit weit erhaben sind.

Daß nun Plato und Andere sich diesem Karakter gemäß ausdrücken, ist für mich, indem ich ja behaupte, daß diese Dignität allen Menschen schlechthin eigen ist, ob sich gleich nicht alle Menschen dieser Würde so deutlich bewußt, noch weniger sie auf Principien zurückzuführen im Stande sind.

Wenn

Wenn nun ferner unser sinnliches Daseyn nur eine Folge unsrer sittlichen Existenz ist und dieser ihr Gesetz zu oberst und unbedingt gültig ist, so folgt auch, daß alles, was unsern natürlichen Zustand ausmacht, durch das Freiheitsgesetz regiert werden und nach diesem abfließen soll, folglich ist unsre sinnliche Existenz die Sphäre der Machthabung der überirdischen Gesetzgebung. Hier soll diese also ihre Kraft äussern, hier soll sie selbst die Befriedigung sinnlicher Bedürfnisse zu ihrem Zwecke leiten. Sie ist daher kein sinnliches Gesetz, aber wohl ein Gesetz über die Sinnlichkeit.

Wenn ich endlich das Sittengesetz Jesu nicht allein über die Natur herrschen lasse, sondern es auch höher setze, als alle Natur reicht: so gehe ich hierin offenbar nicht nur nicht zu weit, sondern ich versetze es dahin (in den himmlischen Karakter des Menschen) wohin es eigentlich gehört, und wo es zu erblicken uns allen lieb und werth seyn muß, indem es uns einen so wichtigen Aufschluß über unsre ganze Bestimmung ertheilt *).

Die

---

*) Will man aber statt Freiheit den Ausdruck übersinnliche Natur gebrauchen und sagen: die sinnliche Natur sey in der übersinnlichen Natur (in der Freiheit) gegründet, so habe ich nichts darwider. Dann sind übersinnliche Natur, übernatürlicher Karakter, Freiheit, unbedingte Existenz Wechselbegriffe.

H

Die moralische Freiheit besteht nun darin, daß sich der Mensch ein Sittengesetz auferlegt, und dieses zum höchsten Princip seines Verhaltens macht. Es kommt also noch darauf an, zu zeigen, daß die Bedingung dieses Gesetzes in keiner Naturanlage oder bloß zufälligem Talente des Menschen zu suchen sey. Die Unverletzlichkeit, worin Jesus dieses Gesetz darstellt, kann uns hier wiederum zur besten Anleitung dienen.

Das Gesetz Jesu paßt nicht allein nicht in die Einrichtung unsrer Natur, sondern gebietet sogar gegen die Natur. Ich verstehe aber unter Natur Alles, was den innern und äußern Zustand der Geschöpfe und ihre zufällige Einrichtung ausmacht. Nun befiehlt uns das Gebot Jesu, alle Neigungen und Leidenschaften zu beherrschen, jeden uneblen Trieb und Regung zu ersticken; ja sogar alles zeitliche Glück, und selbst das Leben zu verschmähen, wenn dessen Erwerb oder Besitz nicht mit jenem Gebote bestehen kann. Wäre nun jenes Gebot in einer Naturanlage gegründet; so müßte es auch ein Naturgesetz seyn, und folglich ganz und gar in den Lauf der Dinge hinein passen; ja diesen selbst bestimmen und ausmachen. Da alle Naturanlagen nur zufällig und zu zufälligen Absichten bestimmt sind: so würde dies Gesetz gleichfalls nur zufällig seyn, und folglich gar nicht unbedingt und nothwendig gebieten können. Nun lehrt uns aber Jesus,

und

und kein Mensch kann ihm seine Zustimmung versagen, daß jenes Gesetz weiter reiche, als die ganze Natur; ja daß eher Himmel und Erde vergehen, als dies Gesetz erlöschen werde; daß weder Gegenwärtiges noch Zukünftiges, weder Leben noch Tod uns von diesem Gesetze der Liebe Gottes entbinden können. Es ist weder durch Raum noch Zeit, weder durch Glück noch Unglück beschränkt: ihm darf und soll nichts entgegen seyn; es selbst aber ist über Alles, ist heilig, unverletzbar und ewig.

Hieraus ergibt sich, daß das Vermögen, worin dies Gesetz gegründet ist, über die Natur und alle ihre Zufälligkeiten erhaben, daß es ewig und unvergänglich ist, gleich dem Gesetze, wodurch es wirkt. Jesus gibt uns dies dadurch zu erkennen, daß er uns durch dies Gesetz als Kinder des Himmelreichs karakterisirt. Unsere transcendentale Freiheit ist demnach nichts anders, als dasjenige Vermögen, welches durch seine eigenthümliche Handlungsart oder Selbstthätigkeit die Quelle aller unserer Naturwirkungen ist. Dies ist auch die ganze Absicht Jesu; er will, daß alle unsre sinnlichen Handlungen nach einem Gesetze abfliessen sollen, dessen Quell und Sitz in einem übersinnlichen Vermögen oder dem nothwendigen Karakter unsers Geistes allein anzutreffen sind. Wir sollen im Geiste, d. i. nach dem Gesetze der Freiheit wandeln.

Die Freiheit mit ihrem Gesetze ist es also, welche uns den Himmel öffnet, und uns an ein Reich knüpft, das so ewig ist, wie sein heiliger Gesetzgeber. Freiheit, dies übersinnliche Princip, ist es, wodurch wir leben, ob wir gleich sterben.

Durch das Christenthum soll also der Mensch zu seiner Freiheit, und durch ein Leben nach ihrem Gesetze, zum Himmelreiche geführt werden.

Wir sehen, wie die Freiheit, dies wichtige Problem der spekulativen Weltweisheit, so offen und ungesucht in der christlichen Lehre enthalten ist, daß sie in ihrer ganzen Fülle auch dem gemeinsten Menschenverstand einleuchtet. Sie ist also nichts anders, als die Selbstthätigkeit unser eignen Gesetzgebung. Ihre Wirkung in uns ist unbedingter Gehorsam gegen ihr eignes Gesetz, oder willige Unterwerfung des Willens unter den göttlichen Willen. Wir können nun die Endabsicht unsers Heilandes nicht besser würdigen, als wenn wir ihr beimessen, daß sie die Urkraft unsers Geistes erregen, unsre Freiheit erwecken, ihr Gesetz empor bringen, und das Gewissen schärfen wollte. Darum zerschlug er die Fesseln des Aberglaubens, und zerriß den Schleier der Heuchelei; darum zerstörte er die Herrschaft des Buchstabens, und bemüthigte die Selbstsucht. O, er war ein Licht der Welt, und Unwissenheit floh vor ihm, wie die Nacht vor der

Mor-

Morgenröthe; scharf war seine Rede, und sie drang wie ein geschliffner Stahl in die Seele. Sein Werk war's, den Verstand zu erleuchten und den Geist zu bilden, das Gewissen zu schärfen und die Seele zu veredlen. Wahrheit war sein Thron und Geist sein Gesetz.

Nur Ein Grundgebot gab Jesus, das Gesetz der Freiheit. Dies umfaßt Erde und Himmel und alle Epochen des Daseyns der Geschöpfe Gottes; dies steht oben an, und ertheilt allen Maßregeln Leben und Kraft. In so weit der Mensch aus diesem Gesetze handelt, handelt er frei. Mit dem Christenthume also steht und fällt die menschliche Freiheit und ihr Gesetz; und wo dieses Macht hat, da ist ein Gott wohlgefälliger Wandel.

Mit dem Christenthume, sage ich, steht und fällt die menschliche Freiheit und ihr Gesetz. „Werden, wendet man ein, die Anhänger des Brama dies zugeben? Diese haben dasselbe Gesetz ohne Christenthum gefunden, und würden es, wenn dies fiele, auch behalten." Man gesteht, daß sie es nicht so rein haben, wie wir; aber ich behaupte noch, daß es keine Parthei in dem gediegenen Sinne und in dem hohen Range anerkennt, als wir. Wir finden freilich einzelne Sentenzen in den Lehrbüchern nichtchristlicher Religionen; und wie sollte dies anders seyn, da alle

Menschen den erhabnen Karakter ihrer göttlichen Abkunft an sich tragen? Allein es kommt hier nicht auf einzelne und zerstreute Sittensprüche an, sondern auf die Frage: ob irgendwo, wie in der Lehre Jesu, die Gesetzgebung der unbedingten und moralischen Freiheit in Uebereinstimmung mit dem göttlichen Willen zum alleinigen und höchsten Princip der Religion und auf solche Weise dem Menschen ein Gebot heilig gemacht sey, durch dessen Beobachtung eigne Würde und göttliche Gnade erworben werden könne?

In allen andern Religionssystemen wird diese Absicht praktisch mehr und minder verfehlt, wenn die Theorien auch zuweilen auf eine sittliche Reinigkeit hin zu weisen scheinen. Die Opfer, die müßigen Zeremonien, das üppige Spiel der Phantasie, der künstliche Schleier der Geheimnisse; alles rückt den wahren Zweck aus den Augen und endigt zuletzt in einer gedankenleeren Spielerei, wobei die Pflicht versäumt und die sittliche Kultur verscherzt wird.

Wenn sich daher auch einige Funken des Gesetzes der Liebe bei andern Systemen finden; so machen diese doch nicht so den Geist der Religion aus, wie in der Lehre Jesu und es ist daher leicht einzusehen, daß in dieser Hinsicht eine jede andere Religion nur so viel Gutes hat, als sie sich dem Christenthume nähert,

hinge-

hingegen um so viel schlechter ist, als sie sich von demselben entfernt; folglich in demselben Maße die Freiheit entweder empor gehoben oder unterdrückt wird. Nur durch eine solche Religion, welche, wie das Christenthum, von einem gleichen Geiste der Gesetzgebung ausgeht, kann wahre Freiheit begünstigt und kultivirt werden.

Neun-

Neunter Abschnitt.

Das Gesetz der Freiheit ist erstes und höchstes Gesetz des Christenthums.

Wir haben bisher von einem ersten und höchsten Gesetze des Christenthums und einigen Folgen desselben geredet. Es möchte aber auch noch Jemand anstehen, ob es überhaupt ein solches Gesetz in der christlichen Religion gäbe, ob Christus es selbst als ein solches angekündigt, ob er es in der ganzen Machtgewalt aufgestellt habe, und ob es endlich auch diejenige innere Kraft und Vollgültigkeit habe, welche zu einem wissenschaftlichen Grundsatze erforderlich ist.

Da dieses in der gegenwärtigen Untersuchung von der äussersten Wichtigkeit ist, und hier gar kein Zweifel übrig bleiben darf, so wollen wir diese Frage hier nach ihrer doppelten Seite erwägen und beantworten.

Wir haben hier also zu zeigen

Erstlich. Hat Christus ein solches Gesetz und namentlich das Gesetz der Liebe als das erste in seiner

Religion aufgestellt? Diese Frage ist historisch und exegetisch.

Zweitens: Hat dieses Gesetz auch wissenschaftliche Dignität? Kann und muß es als Principium gelten oder nicht? Diese Frage ist philosophisch.

Die erste Frage muß aus den christlichen Urkunden, die zweite aus der Vernunft beantwortet werden.

A.
Historische Erörterung des christlichen Grundgesetzes.

Man hat in den Lehrbüchern der christlichen Religion Manches über das Fundament der Religion, über Fundamentalsätze und allgemeine Glaubensregeln (ἀναλογία πίστεως) gesagt. Dieser ganze Gegenstand kann nicht eher mit Gründlichkeit und zur Befriedigung abgehandelt werden, als bis die Frage über ein oberstes Gesetz der Religion überhaupt entschieden ist. Ja die Frage nach einem Fundamente ist mit der nach einem Grundgesetze eine und dieselbe.

Ein Fundament der Religion kann in verschiedener Bedeutung genommen werden und selbst das neue Testament nimmt es nicht immer in einer Bedeutung. a. Jesus wird das Fundament seiner Religion genannt und hier bedeutet es den Urheber und Stifter derselben; den Herrn und das Oberhaupt der Christenheit. b. Das, was man zuerst vorträgt oder vortragen muß, mögen es zufällige Umstände so erfordern, oder auch die Einheit des Systems. Daher muß man das, was der Zeit nach das Erste ist, von dem unterscheiden, was es der Ordnung nach seyn soll. Was der Zeit nach das Erste seyn muß, wird die Klugheit entscheiden, was aber der Ordnung nach das Erste seyn muß, wird die Vernunft, als Schöpferin der Wissenschaft, entscheiden.

Im neuen Testamente sind beide Bedeutungen eines Fundaments gebräuchlich. Die Rüksicht auf Zeit und Umstände, auf Meinung und Vorurtheile, auf Talente und Kultur bestimmte Jesum und die Apostel, in ihrem populären Unterrichte bald von diesem, bald von jenem anzuheben und ihren Lehrlingen grade das eben vorzutragen, wozu sich eine Gelegenheit darbot, oder was dem Fassungsvermögen so eben angemessen war. Man ging von dem Leichtern zum Schwerern, gab Milch und starke Speise, nahm hier diesen, dort einen andern Weg. Das, was nun, hier dieses, dort etwas Anderes, zum Grunde gelegt war, nannte man mit Recht das gelegte Fundament.

Etwas Anderes aber ist es, wenn die Rede von dem ist, was, nicht der Zeit und den zufälligen Umständen, sondern der systematischen Ordnung und wissenschaftlichen Methode nach, das Erste seyn sollte.

Zu den Zeiten Christi und der Apostel war wohl wenig Gelegenheit da, auf diese Ordnung des Vortrags Bedacht zu nehmen; da sie mehr mit dem Volke als mit eigentlichen Gelehrten zu thun hatten. Es mußte ihnen mehr um praktischen Anbau durch den Weg der Popularität, als um wissenschaftliche Form durch den Weg der Kunst zu thun seyn.

Dennoch finden sich selbst in den Aeusserungen Jesu und der Apostel Spuren und Winke, die einem tüchtigen Kopfe Veranlassung genug geben, die Lehre Jesu in die Form einer wissenschaftlichen Disciplin zu bringen.

Das erste Erforderniß hierzu ist ein Princip und dieses wird selbst von Jesu aufgestellt. Wir untersuchen also zuerst die Authenticität desselben.

Die entscheidenden Stellen, welche hieher gehören, sind unter andern folgende: Matth. 22, 35 — 40. Marc. 12, 28 — 33. Luc. 10, 25 — 28. Ein Pharisäer, heißt es, wollte Jesum auf die Probe stellen, und fragte: Meister, welches ist das erste Gebot unter allen Geboten? oder: welches ist das größeste Gebot im Gesetze? Jesus verweist ihn auf 5 Mos. 6, 4 — 5. „Höre, Israel, der Herr unser Gott ist ein einiger Herr, und du sollt den Herrn deinen Gott liebhaben, von ganzem Herzen, von ganzer Seele, von allem Vermögen." Dies ist, spricht Jesus, das

das erste Gebot und das andere ist ihm gleich 3 Mos. 19, 18. „Du sollst deinen Nächsten lieben als dich selbst."

Es ist zwar zuerst klar, daß Jesus nicht der Erfinder dieser Vorschriften ist, sondern sie stehen schon im Mosaischen Gesetze, und zweitens geht die Absicht vorzüglich mit darauf, das wichtigste Gesetz in der Mosaischen Gesetzgebung anzuzeigen und auszuheben; allein es ist dieses hier nicht alles, was in Betrachtung gezogen werden soll.

Jesus ist hier nicht bloß Erklärer des alten Bundes, sondern er ist zugleich Stifter eines neuen und vollkommnern. Er macht sich das angeführte Gesetz nicht allein zu eigen, sondern er berichtigt es auch und stellt es so als Grundgesetz seiner eignen Religion auf.

Jesus berichtigt es Matth. 5, 43 folg. „Ihr habt gehört, spricht er, daß gesagt ist: du sollst deinen Nächsten lieben und deinen Feind hassen." 5 Mos. 7, 2. Kap. 25, 19. Offenbar wurde der Ausdruck Nächster dort nur in einer sehr eingeschränkten Bedeutung genommen und man hielt nur die Bekenner der Mosaischen Religion für solche, welche auf Liebe Anspruch machen könnten. Andere Nationen hielt man eben darum, weil sie nicht Hebräer waren, für verächtlich und machte sich ein Verdienst daraus, sie zu hassen, zu verfolgen und, wo möglich, auszurotten.

Jesus

Jesus, welcher das Gute in der Mosaischen Gesetzgebung schätzte, war weit entfernt, die selbstsüchtigen Satzungen derselben zu billigen; ja er ergänzte die Mängel durch eine ihm eigenthümliche Vollendung. Wie populär und zugleich tief angelegt ist die Berichtigung des jüdischen Partikularismus, wenn er sagt: „Ich aber sage euch: liebet eure Feinde; segnet, die euch fluchen; thut wohl denen, die euch hassen; bittet für die, so euch beleidigen und verfolgen; auf daß ihr Kinder seyd eures Vaters im Himmel." So weit, will er sagen, erstreckt sich das Gesetz reinsittlicher Wesen und der wahren Verehrer Gottes als des väterlichen Gesetzgebers im Reiche der Zwecke. „Und warum, setzt er zur Erläuterung hinzu, solltet ihr das nicht thun, ihr, die ihr euch die göttliche Vollkommenheit, die göttliche Heiligkeit zum Muster der Nachahmung nehmen sollt? Eine so allgemeine Liebe, ein so allumfassendes Wohlwollen erblickt ihr ja auch in seiner Providenz und Weltregierung. Ist er etwa allein der wohlthätige Gott gegen seine herzlichen Verehrer oder nur allein gegen die Juden? Er läßt ja seine Sonne aufgehen über die Bösen und über die Guten und läßt regnen über Gerechte und Ungerechte. So ihr liebet, die euch lieben, was werdet ihr für Lohn haben? So ihr euch nur zu euren Brüdern freundlich thut, was thut ihr Sonderliches? Thun nicht die

Zöllner

Zöllner auch also? Darum sollt ihr vollkommen seyn, gleich wie euer Vater im Himmel vollkommen ist."

Dies ist die Berichtigung jenes Gesetzes, so daß es nun mit den Forderungen der reinsten Moralität und der höchsten Heiligkeit vollkommen übereinstimmt. Mehr läßt sich nun nicht hinzuthun und es bleibt den wahrern Verehrern Jesu nichts weiter übrig, als ihre Gesetzgebung, wie sie sie von ihrem Herrn haben, in dieser ursprünglichen Reinheit zu erhalten und sie sich zur unwandelbaren Norm des Verhaltens zu machen.

Dieses so geläuterte Sittengesetz ist nun das Grundgesetz der christlichen Religion, soll es zum wenigsten nach Absicht Jesu seyn. Wir wollen dieses noch etwas umständlicher erörtern.

Nachdem Jesus dem Schriftgelehrten die Hauptmomente der Mosaischen Gesetzgebung ausgehoben und erklärt hatte, daß in diesem Gebote der Liebe gegen Gott und den Menschen das Gesetz und die Propheten zusammenhingen; so erklärt er sich auch ganz für dasselbe und sagt: „daß es überall kein größeres Gesetz gebe als dieses." Daß Jesus aber eben dieses von ihm angezogene und bis zur Vollendung berichtigte Gebot zum Grundgesetze seiner Religion fest gestellt habe und es als solches anerkannt wissen wolle, erhellet deutlich aus dem Zusatze; wenn er zu dem Schriftgelehrten, welcher die Erklärung Jesu faßte und genehmigte,

nehmigte, sagt: „du bist nicht fern vom Reiche Gottes." Denn die Annäherung des Pharisäers zum Christenthume beruhete hier offenbar auf der Anerkennung des großen Gesetzes Jesu. Noch deutlicher ergibt es sich daraus, daß Jesus sagt: „thue das, so wirst du leben." Hier macht er offenbar die Beobachtung jenes Gesetzes zur Bedingung der Glückseligkeit. Denn es ist bekant, daß unter dem Ausdrucke: Leben, alles das begriffen wird, was den innern Werth und äussern Zustand, die frohen Hoffnungen und Erwartungen eines ächten Christen oder würdigen Mitglieds im Reiche Gottes ausmacht. Alles dieses soll von der Beobachtung jenes Gesetzes abhängen, hierdurch soll die persönliche Würdigkeit erreicht, zuständliches Wohlseyn gegründet und die Hoffnung aufs Zukünftige gesichert werden.

Deutlicher, dünkt mich, hatte Christus nicht nöthig sich zu erklären; denn in seinen Aeusserungen liegt es offenbar, daß er jenes Gesetz als das höchste seiner Religion aufstellen und mit ihm auf den Geist seiner ganzen Lehre hinweisen wollte.

Wer hieran noch zweifeln wollte, den verweise ich auf die Erklärungen der Apostel. Diese halten sich immer und genau an diesem Grundgesetze. Petrus ruft mit Entzückung aus: „Herr, nun erfahre ich mit der Wahrheit, daß Gott die Person nicht ansieht, son-

dern

dern in allerlei Volk, wer ihn'fürchtet und Recht thut, (wer Gott und seinen Nächsten liebt) der ist ihm angenehm (ist würdig ins Reich Gottes aufgenommen zu werden)" Apostelgesch. 10, 34 — 35. Johannes führt die Liebe überall als das einzige Kleinod des Christenthums an, fast jeder Vers hat auch dieses Wort. Paulus beschließt alle seine Belehrungen mit diesem Gebote und ergießt sich mit hinreissender Beredsamkeit über die Größe und Allgenugsamkeit desselben. „Wer seinen Nächsten liebt, sagt er, hat das Gesetz erfüllt — Ist irgend noch ein anderes Gebot, so ist es in diesem Gesetze, wie in einem allumfassenden Principe, enthalten: Liebe deinen Nächsten als dich selbst." Der Griechische Ausdruck ανακεφαλαιουσθαι wie κρεμασθαι weist nicht allein auf eine Hauptvorschrift, sondern auf einen ersten und allumfassenden Grundsatz hin. Röm. 13, 8 folg. Was kann unwiderredlicher seyn, als wenn Paulus (1 Cor. 13) alle Vorzüge und Gaben unter die Liebe setzt. „Ich will euch, spricht er, einen köstlichern Weg zeigen. Wenn ich mit Menschen- und mit Engel-Zungen redete, und hätte der Liebe nicht, so wäre ich ein tönend Erz und eine klingende Schelle. Und wenn ich weissagen könnte und wüßte alle Geheimnisse und alle Erkenntniß und hätte allen Glauben, so daß ich Berge versetzte, und hätte der Liebe nicht, so wäre ich nichts.

nichts. Und wenn ich alle meine Habe den Armen gäbe und ließe meinen Leib brennen, und hätte der Liebe nicht, so wäre mirs nicht nütze." Hier führt er alles auf das Gesetz der Liebe und auf die Achtung desselben zurück. Wie rein stellt er die Sittlichkeit auf, dadurch, daß er selbst der Wohlthätigkeit allen Werth abspricht, wenn sie nicht aus Achtung gegen das Gesetz der allgemeinen Liebe entquillt. Nicht Empfindelei, nicht unbedachtsame Herzensergießung, noch weniger Eitelkeit oder Stolz sollen die Triebfedern hergeben, sondern allein die Pflicht und ihr Gesetz sollen uns bewegen. Dies ganze dreizehnte Kapitel ist ein vortreflicher Kommentar des Gesetzes und schließt mit der Belehrung, daß die Liebe die größeste unter allen christlichen Tugenden sey und alle übrige sich an sie anschließen, selbst Glaube und Hoffnung. Jakobus spricht mit einer Deutung von dem Gesetze der Liebe, welche unsere ganze Aufmerksamkeit verdient. Er nennet es das vollkommene Gesetz der Freiheit, das königliche Gesetz und will damit ohne Zweifel nichts anders sagen, als daß es gleichsam ein Reichsgrundgesetz, ein von Jesu selbst gegebenes, in sich ganz vollendetes Gesetz sey, in und mit welchem das Christenthum steht und fällt. S. Jakob. 1, 25 Kap. 2, 8. "Wer nun, sagt er, in dieses Gesetz hinein schauet, es durch

J   und

und durch faßt; darin beharret, es zum immer gegenwärtigen Führer seines Herzens macht; seine Handlungen nach demselben einrichtet: der wird selig seyn in seiner That, der wird durch die Beobachtung desselben sich allen den innern Werth und die sichere Hoffnung zu aller derjenigen Glückseligkeit erwerben, welche durch das Christenthum verheissen ist." Gerade so, wie dort Jesus sagte: „Thue das, so wirst du leben."

Es springt nach diesem allen in die Augen, daß jenes Gesetz der Liebe als ein Grundgesetz des Christenthums aufgestellt wird, daß sich alle Lehren Jesu und seiner Apostel um dasselbe, wie um ihre Angel, drehen, und daß in einem vollendeten Gehorsam gegen dasselbe eigentlich aller Werth zu suchen sey, welchen Jesus an seinen Freunden zu befördern zur Absicht und zum Zweck hatte.

Hiermit glaube ich die Authenticität dieses Gesetzes als eines Principiums der christlichen Religion ausser allem Zweifel gesetzt zu haben.

Wie nun? hat es auch wissenschaftliche Dignität?

B.

Wissenschaftliche Würdigung des christlichen Grundgesetzes.

Es könnte nun Jemand noch zweifeln, ob auch das von Jesu aufgestellte, von seinen Aposteln so treulich

lich beibehaltene und mit so vieler Sorgfalt eingeschärfte Grundgesetz die Würde eines wissenschaftlichen Principiums habe oder haben könne. Wir haben also noch zu zeigen, daß die Absicht Christi und der Apostel dahin gedeutet und verstanden werden könne und solle.

Ein Grundgesetz ist ein solches, woraus die Möglichkeit anderer Gesetze eingesehen werden kann, welches in dem Lehrsysteme oben an steht, kein höheres über sich hat und aus welchem alles andere hergeleitet und gewürdigt werden kann und soll. Hat ein Satz diesen Gehalt, so schickt er sich zu einem wissenschaftlichen Grundsatze. Nun aber haben wir das Erstere aus den Erklärungen Jesu und seiner Apostel hinlänglich dargethan, folglich findet auch das letztere Statt.

Jesus erhebt durch seine Berichtigung jenes Gebot zu einer solchen Reinheit, daß in ihm nichts, wie die bloße Form übrig bleibt. Er stellt es ganz unbedingt und ohne Einschränkung auf. Es umfaßt bei ihm das All der Menschheit und soll in solcher Allgemeinheit und Nothwendigkeit gelten, daß kein empirischer Vorfall gegeben werden könne, welcher nicht unter demselben stünde. Selbst die Feinde, die Verfolger gebietet es zu lieben, zu segnen, es nimmt also nicht auf Gemüthsneigung, sondern allein auf die Pflicht Rücksicht.

J 2　　　　　　　　Hieraus

Hieraus ist klar, daß die Liebe gegen Gott und den Menschen nicht auf sinnliche Bedingungen eingeschränkt wird. Denn die sinnliche Zuneigung kann nicht geboten werden, auch gibt es gar keine allgemeine Regeln derselben; sondern es beruht auf zufälligen Dispositionen, ob wir mit Diesem oder Jenem sympathisiren oder nicht. Das christliche Gesetz aber gebietet, und dieses mit einer uneingeschränkten Allgemeinheit; folglich muß es sich über alle Zufälligkeiten erheben und in einem Karakter gegründet seyn, aus welchem selbst die gesammte Sinnlichkeit ihre Weisung und Richtschnur erhält. Was geboten wird, muß geleistet werden können, es muß an die Selbstthätigkeit gerichtet seyn; nun aber steht die empirische Neigung nicht in unsrer Gewalt, sie wird von den Gegenständen ausser uns, ganz ohne unser Hinzuthun hervorgebracht; folglich kann es diese nicht seyn, welche geboten wird, sondern es muß eine Gemüthsstimmung gemeint seyn, welche durch ein bloßes Gebot von uns und in uns hervorgebracht werden kann. Das ist nun keine andere Gesinnung, als welche jenem Gebote angemessen ist, welche durch dasselbe zur Pflicht gemacht wird; in Beziehung auf Gott williger Gehorsam und in Beziehung auf die Menschen allgemeines Wohlwollen. Dieses kann geboten werden, weil es zu leisten möglich ist.

Gott

Gott lieben kann nach diesem nichts anders heissen, als, wie es auch Petrus erklärt, ihn fürchten, das ist, seinen Willen gern thun, oder, ihn durch willigen Gehorsam ehren; oder, wie es der Apostel Jakobus sehr schön in der Anwendung auslegt: darin seinen reinen und unbefleckten Dienst gegen Gott den Vater setzen, daß man die Witwen und Waisen besucht und sich vor den Welt untadelhaft erhält. Jak. 1, 27. Die Menschen lieben wie sich selbst, kann nichts anders heissen, als, wie es ebenfalls Petrus erklärt: Recht thun; die Rechte der Menschheit respektiren und gegenseitig sein Möglichstes zur sittlichen Vereblung und äussern Glückseligkeit Aller beitragen.

Dieses Gebot wird nun von den Aposteln, besonders von Paulus und Jakobus mit dem bedeutenden Namen des vollkommnen und königlichen Gesetzes der Freiheit angekündigt. Offenbar soll hier nicht bloß etwas Negatives ausgedrückt werden, die Befreiung von den jüdischen Satzungen und Gebräuchen; die Losmachung von der Herrschaft der Sinne und Leidenschaften, die Entbindung von Aberglauben und fruchtloser Bigotterie; sondern neben diesem auch etwas Positives, ein Vermögen nach einem eigenthümlichen, von allen andern Gesetzen unterschiedenen und höhern Gesetze zu handeln; nach einem Gesetze,

setze, welches das erste in der ganzen Christenheit und unbedingt-konstitutionell ist; durch welches das Reich Jesu und alle Subjekte desselben ganz eigenthümlich charakterisirt sind; welches auf eine eigene Dignität hinweiset, in der übersinnlichen (freien) Existenz gegründet ist, hier seinen Sitz hat, von hieraus wirkt und von hieraus allen Gesinnungen und Handlungen des Menschen, als eines Christen, das Siegel der Moralität aufdrücken soll.

Als Gesetz der Freiheit soll es frei beobachtet werden, es muß demnach mit der wesentlichen Handlungsart der freien Wesen zusammen und in Eins fallen. Als ein solches ist es allen Menschen eigenthümlich, und da das Nichtseyn desselben auch das Nichtseyn der Freiheit mit sich führen würde, so ist es nothwendig. Es ist daher jenes Gesetz ein allgemeines und nothwendiges Gesetz, mit ihm steht und fällt der Karakter der Subjekte und des Reichs, wofür es gilt.

Da es ferner über den nichtsinnlichen Grund keinen höhern gibt, die Freiheit aber den nichtsinnlichen Grund des Menschen ausmacht, so ist diese der höchste Grund von allem in und an dem Menschen; folglich auch das Freiheitsgesetz das höchste Gesetz in und an den Menschen.

Hiermit wäre denn die Dignität jenes Gesetzes, als eines wissenschaftlichen Principiums vollkommen

ein-

einleuchtend; denn es hat alle Merkmale eines ersten Grundsatzes an sich. Es ist in dem unbedingten Karakter der Menschheit gegründet, ist ihm wesentlich und eigenthümlich, hat innere Nothwendigkeit und unbedingte Allgemeinheit, steht oben an; faßt alles in sich; gibt allen andern Sätzen ihren Sinn und allen Handlungen ihren Werth.

In wie fern also die Christenheit in der Idee ein rein moralisches Reich ist; so hat es auch nur ein Reichsgrundgesetz, einen ersten Satz ihrer ganzen Konstitution und dieser ist:

> Handle nach dem Freiheitsgesetze als dem Willen der höchsten Heiligkeit.

Alles, was aus diesem Fundamentalsatze nothwendig folgt, ist wesentliche Lehre des Christenthums, und alles, was sich Willkürliches in dem Christenthume findet, bekommt aus ihm seine Bedeutung und Sanktion.

Ein System der christlichen Lehre und Konstitution aus diesem Principium abgeleitet, hat wissenschaftliche Konsistenz.

Es können nach diesen Erörterungen die Fragen nicht lange unentschieden bleiben: ob das Christenthum ein oberstes Principium habe; ob es wissenschaftlich sey; ob sich daraus ein System anfertigen lasse;

laſſe; ob es auch ſo nach der Abſicht Jeſu und ſeiner Apoſtel ſeyn ſolle?

Ich ſchließe dieſen Abſchnitt mit der Anmerkung, welche uns der Geiſt Jeſu und ſeiner Apoſtel zu diktiren ſcheint: Eine Religionslehre in ihren Principien berichtigt und nach denſelben aufgeführt, kann uns allein zur Weisheit führen, uns lehren, nicht allein, was wir als Chriſten zu thun, ſondern auch, wie wir als Chriſten die Chriſten zu belehren haben.

Die Principien ſind da, und die Anwendung iſt in vielen Stücken gezeigt; ſollten wir nicht bemüht ſeyn, die Anakephaleoſis des Apoſtel Paulus nach den Winken unſers Meiſters kritiſch zu ſuchen, methodiſch einzuleiten, ſyſtematiſch aufzuführen und ſo das Werk zu vollenden?

Zehnter Abschnitt.

Ueberſinnliches Daſeyn und Unſterblichkeit.

Wir haben geſehn, daß der Menſch, indem er einem ewigen und überſinnlichen Geſetze gehorcht, eben dadurch auch ſeine Freiheit, das iſt, ein Vermögen, welches jenem Geſetze entſpricht, erkennt. Das Geſetz iſt Thatſache; Jeder erkennt es in ſich, und es iſt in ſeiner ganzen Fülle in dem Gebote Jeſu: liebe Gott, enthalten. Daß dies Geſetz kein Naturgeſetz iſt, fällt eben ſo deutlich in die Augen; denn es gebietet über die Natur: und ich ſoll dieſem Geſetze nicht zuwider handeln, wenn gleich das Schickſal mit aller ſeiner Macht, mit aller erſinnlichen Reitzung und Peinigung auf mich wirkte; ja wenn es ſelbſt im Falle der Weigerung mein Leben forderte. Man nehme einen Richter, der zwei Partheien vor ſich hat. Einer hat den Andern betrogen und übervortheilt. Geſetzt, man verlangte von ihm, er ſollte dem Betrüger Recht, und dem Betrognen Unrecht ſprechen. Wie, wenn ihm ſelbſt ſein Monarch dies geböte, und ihm drohte, daß er im Weigerungsfalle den martervollſten Tod über ihn ergehen laſſen würde, wird der Richter gehorchen dürfen? Und wenn er gehorcht, wird er troß aller Beſchönigung ſich rechtfertigen können? Und was iſt denn das, was aller irdiſchen Macht und den härteſten Schlägen des Schickſals, ja dem ganzen Laufe der Natur ſo allgewaltig widerſteht? Iſt's nicht das Geſetz der Freiheit, die eigenthümliche Handlungsart unſers Geiſtes; dies himmliſche Gebot unſers heiligen Geſetzgebers? Da nun ein jeder Menſch die Gültigkeit und Majeſtät eines ſolchen Geſetzes in ſich erkennt, und ſeine Machthabung in ſich unverweigerlich gewahr wird; da er alſo nicht bloß dies Geſetz, ſondern es als ein intereſſirendes Geſetz und in ſich auch ein Vermögen aus dieſem Geſetze zu handeln, erkennt: ſo führt ihn dies allesumfaſſende, nothwendige und ewige Geſetz auf einen, dieſem Geſetze korreſpondirenden Karakter, d. i. auf ſeine überſinnliche, nothwendige und ewige Exiſtenz. Das Subjekt eines ſolchen überſinnlichen Daſeyns nennen wir Perſon, und wenn wir den Menſchen Perſönlichkeit beilegen; ſo kann es nur in Rückſicht ſeiner Freiheit geſchehen; ſo wie auch ſein ganzer perſönlicher Werth allein darin beſteht, daß und wenn er dem Geſetze der Freiheit gemäß handelt. Es verdient bemerkt zu werden, daß dieſe Rükſicht ſelbſt in dem Urtheile des gemeinſten Menſchenverſtandes angetroffen wird, nur daß er es ſich nicht ſo deutlich entwickelt.

Der

Der negative Ausdruck unsrer übersinnlichen Existenz ist Unsterblichkeit. Sterblich heißt nicht so viel, als vernichtbar. Von der Vernichtung haben wir gar keinen Begriff. So weit unsre Einsicht und Erfahrung reicht, kann kein Ding vernichtet werden. Sterben heißt aufhören auf eine uns bekannte Art zu existiren. Es ist demnach der allmählige Uebergang von einer Art des Daseyns in eine andere. Die Sterblichkeit ist deshalb nur eine Veränderung der Art zu existiren; und da Veränderung nur durch die Zeit möglich ist, die Zeit aber eine Bedingung sinnlicher Vorstellungen ist; so folgt, daß die Veränderung, mithin die Sterblichkeit nur auf Dinge der Sinnenwelt oder auf ihr zuständliches Daseyn geht. Ob nun aber gleich die Sterblichkeit nicht Vernichtung, sondern bloß Veränderung ist: so behaupten wir doch, daß unser übersinnliches Daseyn dieser Veränderung nicht unterworfen sey; sondern daß unser geistige Karakter oder unsere Person unwandelbar und ewig sey, gleich dem Gesetze, durch welches sie handelt. So sind wir nun zwar unserm zuständlichen Daseyn nach, oder in so fern wir zum Reiche der Natur gehören, sterblich, aber unserm persönlichen Daseyn nach, oder in so fern wir zum Reiche Gottes gehören, unsterblich. Das Evangelium drückt dies ganz einfach so aus; „daß wir, in so fern wir nach dem Willen Gottes handeln, leben werden,

werden, ob wir gleich sterben." Es knüpft die Behauptung unsers übersinnlichen Daseyns und der Unsterblichkeit unmittelbar an das himmlische Gesetz, und gibt ihr dadurch die evidenteste Bündigkeit.

So steht nun mit dem Gesetze Jesu unsre **Freiheit, Persönlichkeit** und **übersinnliches Daseyn**. Jenes Gesetz ist ein Gesetz eines ewigen Reichs; das Vermögen, aus diesem Gesetze zu handeln, die Freiheit; das Subjekt dieser Freiheit heißt Person, ist Mitglied und Unterthan eines ewigen Reichs, also unabänderlich in seiner Persönlichkeit. Den Wunsch der Unsterblichkeit hat ein jedes denkende Wesen, selbst ein in Laster versunkener Bösewicht bebt vor ihr zurück; aber die **frohe Ueberzeugung** unsrer persönlichen Fortdauer kommt nur dann, wenn wir das Gesetz Jesu anerkennen, und es zum höchsten Princip unsers Verhaltens machen. Denn nach einem Gesetze handeln, das man als den wesentlichen Karakter seines Geistes erkennt; das unnachsichtlich und ewig gebietet; das alles Irdische, selbst das Leben, verschmäht, wenn es ihm zuwider läuft, und doch nur ein bloßes irdisches Leben und irdisches Glück als das höchste Gut anerkennen, ist der lauteste Widerspruch zwischen Handlung und Erkentniß.

Die ganze Religion Jesu bekommt dadurch Würde und Stärke, daß die Unsterblichkeit mit ihrem Sittentengesetze in einem nothwendigen Zusammenhange steht; so wie sie auch ohne diese Verbindung ganz zwecklos, ja gar nachtheilig seyn würde. Denn ihr Gesetz gebietet Heiligung, ein Ideal sittlicher Vollkommenheit, wornach wir unabläßig streben, und dem wir uns in einem unendlichen Fortschritte nähern sollen. Wozu ein so weit ausgestecktes Ziel, wenn der Mensch bloß zu diesem irdischen Leben bestimmt wäre? Ist irdische Freude und Wollust das einzige Gut: wozu ein Gebot, das jede Neigung und jedes Glück, ja selbst die Liebe zum Leben verwirft, so bald sie seiner Strenge und Heiligkeit zuwider läuft? War irdische Glückseligkeit das höchste Ziel des Menschen; so ging er besser und sicherer, wenn er, gleich den Thieren, bloßen Instinkten gehorchte, und nur das und so viel erstrebte, als Neigungen und Naturtriebe in ihm vorhanden waren. Wäre Fleischeslust unser höchstes Gut; so that der Urheber uns wehe, daß er sie in einem Gesetze verbot oder einschränkte; so spielte Christus uns übel mit, daß er ein Licht anzündete, und uns mehr wies, als wir erreichen können; so wollte er uns quälen, indem er unser Gewissen weckte, und uns verbot, was wir liebten; so wollte er uns unsre Ketten fühlen machen, indem er die Freiheit regte, die sich vergeblich hebt, um sie abzuwerfen. Doch verkenne dich nicht, Sohn der Erde und Bürger des Himmels, sinnlicher Natur und geistiger Kraft; fühle

beine

deine Größe in einem Gesetze, das du dir selbst auferlegst, das du selbst bewachst, und in welchem du den Willen der Allmacht erkennst.

Die Lehre Jesu eröffnet uns also die herrlichste Aussicht, und hebt uns zu einer Würde, wo wir die Ewigkeit umfassen, und uns unserm Urheber nähern. Christus stellt uns die Unsterblichkeit nicht als Etwas vor, das uns erst verliehen werden soll, sondern als Etwas, das schon in und mit unserm Geiste gegeben ist, das sich uns aber allererst durch sein Gesetz offenbart, und durch den Gehorsam gegen dasselbe zu einer frohen Erwartung berechtigt. Aus der Liebe gegen Gott quillt der Glaube an Unsterblichkeit und die Hoffnung einer frohen Ewigkeit. Dies ist auch die einzige Art, wie sich diese Wahrheit nicht allein stringent beweisen läßt, sondern auch dem Menschen, so bald er sie erkennt, gar keinen Ausweg übrig läßt. Denn wenn allererst durch den Gehorsam gegen das göttliche Gebot die Unsterblichkeit möglich würde; so hätte der Ungehorsame noch immer die, freilich elende, Hinterthür der Nichtunsterblichkeit. Darum ermahnt uns das Evangelium: Schaffet, daß ihr (nicht unsterblich; denn dies sind wir schon vermöge unsrer geistigen Existenz, sondern daß ihr) selig werdet, d. i. durch Unterwerfung unter den Willen Gottes euch einer frohen Ewigkeit zu getrösten habt.

Eilf-

Eilfter Abschnitt.

Daseyn und Erkenntniß Gottes.

Es hat zu aller Zeit Menschen gegeben, die, wenn sie gleich das Daseyn Gottes nicht im vollen Ernste bezweifelten, es dennoch äußerlich bestritten, und dazu alle Kräfte des Nachdenkens und des Witzes aufboten. Man darf aber nicht glauben, daß zu solchen Bestreitungen immer Unredlichkeit zum Grunde gelegen hat. Es gibt wirklich Lagen des Lebens und Gänge des Schicksals, wo sich der menschliche Verstand nicht recht finden kann, und wenn ihm dann nicht das moralische Gesetz Jesu in seiner vollen Stärke einleuchtet; so ist es leicht möglich, daß er einige Augenblicke seiner Schwermüthigkeit Alles, und selbst den Gedanken an die Versehung, aufopfert. Ein solcher unseliger Zustand verdient mehr Mitleid als Verargung, und es gibt kein Mittel, ihn zu heilen, als sanftmüthige Belehrung und redliche Zurechtweisung.

Die christliche Religion gibt uns hier gleichfalls ein untrügliches Mittel zur Hand, wodurch wir uns

so

so wohl vor jener Seelenkrankheit verwahren, als auch zur sicherften Einsicht und Ueberzeugung von einem weisen Regierer gelangen können.

Jesus verbindet den Glauben ans Daseyn Gottes unmittelbar mit seinem Sittengesetze, und gründet hierauf zugleich eine richtige Erkenntniß von seinen Eigenschaften.

Zwar finden wir nicht eine schulgerechte Deduktion dieser Sätze, aber sie können nach den Aeusserungen Jesu und der Apostel nicht anders als so verstanden und an einander gereihet werden. Es heißt nicht: „haltet das Daseyn Gottes für wahr und gehorcht seinen Befehlen" sondern es heißt gleich: „Liebet Gott." Hiermit wird das Daseyn bloß gesetzt, aber die Liebe wird kategorisch geboten. Es wird so gleich die Betrachtung ins Praktische gezogen. Wir müssen erwägen, was die Liebe hier sey, unter welchen Bedingungen sie möglich und geboten werden könne; dies führt uns wiederum so gleich auf das andere Gebot Jesu: „liebe deinen Nächsten." Hiermit steht das ganze Sittengesetz in seiner Reinigkeit da, der Wille Gottes fällt mit dem Gesetze der Freiheit in Eins und nun fragen wir: was muß seyn, weil ein solches Gesetz da ist? Und die Antwort kann nicht anders ausfallen als: es ist eine höchste und allmächtige Heiligkeit, Weisheit und Gerechtigkeit — es ist ein Gott. Dieser fer Schluß hängt mit der Anerkennung des Gebots der Liebe innig zusammen und jedes Gemüth macht ihn, wenn es gleich nicht durch alle Gänge der Syllogistik geschieht.

Ich hätte nicht geglaubt, daß man mir den Einwurf mit so vielem Ernst entgegen setzen würde: „daß ich Jesu und den Aposteln etwas zuschriebe, woran diese wohl nie gedacht hätten." Die Entwickelung billigt man, nur, glaubt man, gehe sie über die Absichten Jesu und der Apostel weit hinaus. Ich weiß es gar wohl, daß man alle schulgerechte Darstellung vergeblich in den christlichen Urkunden sucht; diese hatten zu ihrer Zeit auch eine ganz andere Veranlassung und weit näheres Ziel, als daß sie sich schon mit einer Arbeit hätten befassen sollen, die den künftigen Zeiten und günstigern Umständen weit schicklicher überlassen wurde.

Die kritische Bearbeitung, methodische Einleitung und systematische Aufstellung sind Gegenstände für die Kräfte aller Zeiten und es ist vollkommen hinreichend, wenn nur die Keime dazu gegeben und die Aufforderung, seine Kräfte daran zu versuchen, sichtbar sind. Jesus hat den Samen gestreut, (wie er sich sehr schicklich ausdrückt), es kommt nun darauf an, ob er gut in uns aufgeht, wächst und gedeihende Früchte trägt. Diese Früchte aber sollen sich nicht

K   allein

allein praktisch zeigen, durch reine Anbetung Gottes und sittlichen Lebenswandel; sondern auch theoretisch, durch Kultivirung des Lehrsystems selbst, durch eine gründliche und den Zeitbedürfnissen angemessene Erörterung, Rechtfertigung und Ausbreitung.

Wir nehmen nun, was da ist und versuchen, ob und was aus dem Gegebenen auf eine evidente Weise gemacht werden kann und soll. Wenn nur die Sache bleibt, so mag die Art, die Dinge zu stellen, immer etwas anders ausfallen. Ja, es gereicht dem heiligen Stifter zu einer nicht geringen Ehre, wenn man am Ende gewahr wird, wie der Grund, welchen er gelegt hat, jeder Methode genügt und die höchste Anstrengung der Vernunft am Ende auf keine andere Resultate kommt, als ihr schon durch den Vorgang jenes göttlichen Lehrers gegeben sind. — Wir suchen nach den ersten Gründen der Möglichkeit einer Religion; verfahren kritisch — und wir finden sie in der Belehrung Jesu. Wir forschen nach einer wissenschaftlichen Methode — und die Religion Jesu enthält die Winke dazu. Wir versuchen ein konsistentes System aufzuführen — und die Religion genügt auch dieser Absicht vollkommen.

Mag nun immerhin ein Apostel alles grade nicht so gedacht, nicht so erörtert haben; wenn nur das, was er sagt, so gedacht und so erörtert werden kann; wenn

wenn nur die Principia dieselben bleiben; wenn nur derselbe Geist aus allem athmet und derselbe Zweck im Auge bleibt.

Nun sind die Prämissen zu einem wissenschaftlichen Gebäude ächtchristlich, das Gebot der Liebe, das Gesetz der Freiheit; warum sollten die Folgerungen, die methodische Aneinanderreihung derselben, nicht ächtchristlich seyn, wenn sie aus den Prämissen ergehen und sich konsequent bleiben?

Es ist leichter gesagt: „Paulus hat das nicht gedacht" als auch bewiesen. Man zeige, daß dieses oder jenes nicht in seinen Aeusserungen liege, daß er es nicht habe denken können, daß der Geist des Christenthums das nicht zulasse u. s. w. Wo und wenn mir Jemand zeigt, daß meine Erörterung nicht in den Aeusserungen Jesu und der Apostel liege, daß sie ihnen gar widerspreche; dann gebe ich gleich meine Sache auf. Allein das nimmt mir nichts, wenn Jemand sagt: „Paulus habe daran wohl nicht gedacht." Mag er daran nicht grade so gedacht haben, wenn es nur seinen Aeusserungen gemäß gesagt ist. Doch genug hiervon.

Das Sittengesetz Jesu verbindet uns unnachläßlich, und gebietet mit einer Strenge, die alles Irdische verschmäht, so bald es seiner Heiligung Eintrag droht. Wir haben gesehen, daß dies Gesetz in nichts

Anderm, als unserm übersinnlichen Karakter gegründet seyn kann; ja daß es das eigenthümliche Gesetz unsrer Freiheit ist. Wir werden durch dasselbe, als eine Thatsache, an ein Reich gebunden, das unwandelbar und ewig ist. Nun lehrt uns zwar Jesus, daß wir als Mitglieder dieses Reichs völlig frei sind, und allein aus eigner Gesetzgebung handeln sollen; ja er entfernt alle fremde Motive des Gehorsams, und besteht durchaus darauf, daß unsre Gesetzesbeobachtung ganz willig seyn soll; auch sehen wir es evident ein, daß unser ganzer persönlicher Werth, sittliche Vollkommenheit und wahre Frömmigkeit nur so weit reicht, als sie aus williger Auferlegung und Befolgung entsprossen ist; aber, ob wir uns nun gleich als Mitglieder eines herrlichen Reichs der Freiheit erkennen; so sehen wir doch auch zugleich ein, daß wir nur Unterthanen dieses Reichs sind. Das herrliche Gesetz in uns und sein Princip, worauf es beruht, ist mit einer eingeschränktern Natur verknüpft; unsre physische Kraft ist dem geistigen Gesetze nicht angemessen. Daher ist es Gebot, und seine Erfüllung Gehorsam. Aus dieser Disproportion der gesetzlichen Kraft und des natürlichen Vermögens fließt die Abhängigkeit von einem Oberhaupte, und das Daseyn eines höchsten Gesetzgebers. Gibt es ein Reich unter einer vollkommnen Gesetzgebung, und doch von einem eingeschränkschränkten natürlichen Vermögen; so muß es ein allgenugsames Princip geben, das die Natur mit der Gesetzgebung proportionirt. Nun erkennen wir die vollkommene Gesetzgebung als eine Thatsache, folglich müssen wir auch das, worauf die Gesetzgebung nothwendig verweist, unverweigerlich einräumen. Das Gesetz, welches wir haben und erkennen, ist ganz vollkommen; wir dürfen also nur das Objekt, worauf es führt, genau diesem Gesetze anpassen, und so entspringt aus demselben Princip, das uns das Daseyn Gottes entdeckte, auch zugleich die Erkenntniß desselben. Je weiter wir hier gehen: desto mehr leuchtet uns die Schönheit und Reichhaltigkeit des Gebotes Jesu ein. Nun sehen wir schon, warum es heißt: liebe Gott, und nicht bloß: handle deinem geistigen Gesetze gemäß. Hierdurch würde zwar schon reine Moralität befohlen, aber die Lücke zwischen dem Unvermögen der Natur, und der Allgewalt des Gesetzes nicht ausgefüllt seyn. Dies geschieht nun dadurch, daß es heißt: gehorche dem Gesetze der Freiheit, und erkenne in demselben den Willen Gottes. Hier erscheint nun das sittliche Reich Gottes in seiner ganzen Herrlichkeit. Jeder seiner Unterthanen handelt nach seiner eignen Gesetzgebung, und in eben dieser geschieht der Wille des Oberhaupts. Dies ist das vollkommene Ideal einer Regierung, wo mit dem Willen des höchsten Gesetzgebers zugleich die vollkommenste Freiheit der Unterthanen besteht, und aller Gehorsam allein aus der Liebe entquillt. Auf dieser Einheit unsers übersinnlichen Gesetzes und des Willens Gottes beruht auch die Möglichkeit der Vereinigung mit Gott, welche uns das Evangelium in einem unaufhörlichen Bestreben aufgibt. „Ihr sollt vollkommen seyn, wie euer Vater im Himmel vollkommen ist." Je treuer unser Gehorsam gegen das Gesetz unsers Geistes wird: desto mehr nähern wir uns dem Willen oder der eigenthümlichen Handlungsart Gottes.

Wie uns also das Gebot Jesu auf das Daseyn Gottes führt; so soll es uns auch zu einer richtigen Erkenntniß von ihm leiten. Das vollkommenste Gesetz oder der göttliche Wille ist uns bekannt; wir dürfen nun bloß das Objekt, welches wir näher kennen lernen wollen, an das Gesetz halten, und wir werden uns unter Gott nichts anders vorstellen können, als was jenem Gesetze als Objekt vollkommen korrespondirt. Da nun dies Gesetz der Wille Gottes ist; so werden wir darunter die wesentliche Handlungsart Gottes, wodurch er thätig ist und wirkt, verstehen müssen. Nun heißt aber die Eigenschaft eines Subjekts, kraft welcher es dem moralischen Gesetze vollkommen angemessen handelt, Heiligkeit. Die völlige Angemessenheit aber zum moralischen Gesetze oder

Hei=

Heiligkeit ist etwas Unendliches, und kann also deshalb im strengsten Sinne nur allein Gott beigelegt werden. Hierauf zielt das, was Christus sagt: Niemand ist gut, denn der einige Gott. Uns kann auch demnach als endlichen Wesen kein höheres Gut der Bestrebung geboten werden, als Heiligkeit, und sie ist auch das Einzige, worin wir Gott ähnlich werden sollen. „Ihr sollt heilig seyn, denn ich bin heilig." Matth. 5, 48.

Aus der vollkommnen Angemessenheit zum moralischen Gesetze entspringt auch, wenn man sich so ausdrücken darf, ein demselben korrespondirender Zustand, die Seligkeit. Wiederum etwas Unendliches, das im strengsten Sinne allein Gott zukommt. Die Seligkeit ist eine unmittelbare und nothwendige Folge der Heiligkeit, und muß von Glückseligkeit, einem Wohl, das auf Glück oder äußern Verhältnissen beruht, gänzlich unterschieden werden. Jene entquillt aus der Freiheit, diese aus der Natur. Wenn uns demnach das Evangelium lehrt, wir sollen nach Seligkeit trachten; so stellt es uns diese als allein durch den Gehorsam gegen das moralische Gesetz nothwendig und unausbleiblich erreichbar vor. Wie wir nun durch Gehorsam gegen das Gesetz der Freiheit Gott an Heiligkeit, so werden wir ihm auch eben dadurch an Seligkeit ähnlich. Der unendliche Fortschritt in

Unterwerfung unsers Willens unter das göttliche Gebot ist zugleich ein unaufhörlicher Wachsthum an Seligkeit. Tugend gebiert Selbstzufriedenheit.

So offenbart uns das Gebot Jesu unsern himmlischen Vater, und gibt uns eine bestimmte Erkenntniß von ihm. Er ist heilig und selig. Vermittelst dieser Eigenschaften dürfen wir ihn nur in seinem Verhältnisse zur Welt betrachten, um alles zu erkennen, was uns zu wissen möglich und dienlich ist.

Er ist heilig; also das Principium aller Freiheit und Freiheitsgesetzgebung. Er ist die Quelle unsers Daseyns, unser Schöpfer, und die Quelle unsers Karakters, unser höchster Gesetzgeber. Der Wille Gottes mit einer dem Willen proportionirten Macht, oder der heilige und allgenugsame Wille Gottes, ist Schöpfung und Gesetzgebung zugleich. Wie der Allgenugsame aus seiner Fülle Schöpfung, d. i. endliche Freiheit und endliche Handlungsart, d. i. Gesetzgebung bewirkt, sollte nicht einmal gefragt, viel weniger nachgesucht werden. Denn, wenn man sich endlich bemüht, zu wissen, was man frägt, so wird man am Ende seine eigne Frage nicht verstehn. Es ist ungefähr so viel, als wenn wir verlangten, die unendliche Macht und vollkommne Handlungsart sollte sich mit einer endlichen Macht und endlichen Handlungsart umfassen lassen. Genug, so viel sehen wir ein; wir sind

end-

endliche Wesen unter einem unendlichen Geseze; in
diesem erkennen wir einen allgenugsamen Willen, d. i.
der schaffend und gesetzgebend zugleich ist.

Die christliche Lehre bringt uns so an die Gränze
aller Gotteserkenntniß, und unterwirft unsere Wißbe-
gierde zugleich der Zucht einer nüchternen Bescheiden-
heit. Sie eröffnet uns so viel, als wir brauchen,
und unserm praktischen Bedürfnisse nothwendig und
angemessen ist. Wüßten wir weniger; so würde
unsre Sittlichkeit mit der Glückseligkeit aus dem Gleich-
gewichte kommen, und über kurz oder lang die Schöpfung in sich selbst zerfallen müssen. Aber auch mehr
zu wissen ist uns gewiß nicht dienlich. Noch bis jezo
hat jede Bemühung, sich, wenn ich mich so ausdrücken darf, überchristlich in die Gottheit zu vertiefen,
nichts, als Phantasterei und Schwärmerei, ja wohl
gar Verrückung geboren. Der Umkreis möglicher Erkenntniß ist auch so groß, und der Gegenstände und
Gelegenheiten, sie zu erweitern und zu berichtigen, so
viel, daß es eine gottlose Vermessenheit ist, die uns
so nahe liegende Schöpfung Gottes, diesen herrlichen
Abglanz seiner Majestät, vorbei zu lassen, und dahin
seine Flügel zu schwingen, wo wir bodenlos schwebend
nicht einmal wissen, wie oder was wir suchen wollen.
Das Schlimmste aber hierbei ist noch dieses, daß wir,
indem wir das Wesen Gottes erforschen wollen, dar-

K 5 über

über seinen Willen vergessen, und uns, indem wir uns mit unsern Phantasien herumschlagen, gegen die Majestät seines Gesetzes versündigen.

Unsern Schöpfer und Gesetzgeber sollen wir erkennen, dies will unser Heiland; und nun zieht er uns den Vorhang vor der lichten Herrlichkeit Gottes, und schließt mit Gehorsam und Anbetung.

Gott ist der Alleinselige, und folglich die Urquelle aller abgeleiteten Seligkeit. Er ist also unser Schöpfer, Gesetzgeber und Seligmacher; von ihm kommt unsre Freiheit oder übersinnliches Daseyn; von ihm unser Gesetz oder übersinnliche Handlungsart; von ihm die dem Gesetze korrespondirende Selbstzufriedenheit oder Seligkeit.

Da wir zwar freie Wesen sind, aber unsre Freiheit nur abgeleitet, und folglich dem Freiheitsgesetze kein proportionirtes Vermögen zugetheilt worden ist, wie denn auch dies nur dem Allgenugsamen allein zukommen kann; so ist mit unsrer Freiheit oder unserer übersinnlichen Existenz ein zuständliches oder sinnliches Daseyn, und also mit dem vollkommnen Gesetze unvollkommnes Vermögen verknüpft. Hieraus entspringt nun ein doppelter Karakter, der der Freiheit, und der der Natur. Jener ist das Urbild, dieser das Nachbild; jener die Kraft, dieser die Wirkung; jener das Ding an sich, dieser die Erscheinung; jener der nothwendige,

wendige, ewige, dieser der zufällige, veränderliche; durch jenen stehen wir im Himmel, durch diesen auf der Erde; jener macht unsre Person, dieser unsern Zustand aus.

Dadurch, daß Gott Schöpfer des übersinnlichen Daseyns oder der Persönlichkeit ist, wird er zugleich Urheber des Zustandes der Personen, oder Schöpfer der Natur. Das Evangelium nennt ihn deshalb den Schöpfer Himmels und der Erden. In ihm leben, weben und sind wir.

Da nun Gott der Urheber unserer Persönlichkeit und ihres vortreflichen Gesetzes, und eben dadurch auch Ursache der Natur, ihrer Einrichtung und ihres Laufes ist; so führt uns dies auf seine Regierung. Der Begriff der Weisheit Gottes fließt ungezwungen, und in seiner ganzen Lauterkeit aus dem Gesetze Jesu. Dies Gesetz fordert den strengsten Gehorsam von uns, und hält uns ein Urbild der Nachahmung vor, die Heiligkeit Gottes. Der Erfolg des Gehorsams gegen dies Gebot ist Tugend oder Gottseligkeit, und der Erfolg der Hintansetzung desselben, Laster oder Gottlosigkeit. Der Werth des Menschen wächst demnach mit dem Gehorsam, und sinkt durch Ungehorsam. Da nun dies Gesetz der heilige Wille Gottes ist; so steht die Billigung Gottes gegen unser Verhalten mit unserm Gehorsam und die Mißbilligung mit unserm Ungehorsam.

fam. Als der Urquelle der Heiligkeit kann ihm demnach nichts wohlgefällig seyn, als willige Unterwerfung; ja er wird mit unnachlaßlicher Strenge kraft seines Gesetzes auf diesen Gehorsam halten, und Fahrläßigkeit oder Uebertretung unter keinem Vorwande nachsehen. Er wird nach dem untrüglichen Maßstabe seines heiligen Gesetzes der Sittlichkeit Seligkeit, der Würdigkeit Gnade und Wohlthat ertheilen. Seiner tiefen Erkenntniß wird eine eben so hohe Weisheit angemessen seyn. Seine Regierung wird eben so gerecht als gütig, wird höchst weise seyn.

―――――

Dies sind die erhabnen Vorstellungen, welche uns das Christenthum von Gott zu Gemüthe führt; wodurch er der Gegenstand unserer Anbetung und Liebe wird.

Er ist die Quelle aller Heiligkeit, Seligkeit und Weisheit. Deshalb ist er Schöpfer und Gesetzgeber der Freiheit, Urheber der Natur und ihrer Einrichtung, Oberhaupt und Regierer seiner Unterthanen nach dem unwandelbaren Gesetze einer mit Gerechtigkeit gepaarten Güte. Er ist allgenugsam und selig, und die Quelle aller abgeleiteten Selbstzufriedenheit durch's Gesetz, und aller zuständlichen Freude durch eine der

Freiheit

Freiheit angemessene Natureinrichtung. „Alle gute und vollkommene Gaben kommen von oben herab, von dem Vater des Lichts." Mit diesen erhabnen Vorstellungen hängt nun Alles zusammen, was wir zur Vollendung unsers Begriffs von Gott brauchen. Da er der vollkommenste Gesetzgeber ist, und seine Güte seiner Gerechtigkeit völlig proportionirt; so folgt, daß er auch der gerechteste Richter aller seiner Unterthanen ist. Um dies zu seyn, muß er alle seine Geschöpfe nach ihrem Gehorsam zu würdigen wissen; er muß allwissend seyn, und um seine Güte wiederum seiner Gerechtigkeit vollkommen anzumessen, muß er allmächtig, Herr des Himmels und der Erde seyn u. s. w.

Jesus faßt Alles, was wir uns von Gott zu denken haben, unter den fruchtbaren Begriff eines himmlischen Vaters. In der That ist dies auch die schönste und erhabenste Vorstellung, die sich der Mensch von Gott machen kann. Sie entfernt alles Abergläubische und Mangelhafte aus seiner Vorstellung, alles Willkürliche und Zufällige aus seiner Gesetzgebung, und alles Furchtbare aus seiner Regierung. Anbetungswürdig ist er durch sein Gesetz, und liebenswürdig durch seine Fürsorge. Aller Dienst und Opfer fällt bei ihm weg; er bedarf weder unsrer Hülfe noch unsrer Gabe. Er gibt kein todtes Gesetz, keine lästige

ge Satzungen, Geist ist sein Gesetz, und unser Freiheitsgesetz sein Wille. Nichts verherrlicht ihn mehr, als der Gebrauch unsrer Freiheit, das ist, Achtung und Gehorsam gegen sein Gebot; ihm ist nichts angenehmer, als Herzensunterwerfung und Vertrauen.

Wir haben nun gesehen, wie uns das Sittengesetz Jesu durch sich selbst so wohl zum Daseyn Gottes, als auch zu einer richtigen und für uns vollkommen hinreichenden Erkenntniß führt. Alle unsre Erkenntniß von Gott reicht nur so weit, als sie in einer noth-wendigen Beziehung auf unser Sittengesetz steht. Nur bis dahin, als das praktische Interesse eine theoretische Ergänzung annöthigt, reicht unsere Theologie, und hätten wir uns immer in diesen Schranken, die uns Jesus so weislich gesetzt hat, gehalten, und zu der praktischen Nöthigung des sittlichen Gebots nicht noch eine beliebige Grillenfängerei, so sehr sie sich auch hinter dem Ernst tiefer Forschung verstecken mag, hinzugethan; so hätten in Ewigkeit weder der gepriesene Mystizismus, noch der hagere Atheismus aufkommen, und so viel unnützen und schädlichen Aufwand erregen können. Es ist ein großer Unterschied zwischen dem, was uns das Gesetz Jesu, dessen Heiligkeit wir alle anerkennen müssen, als nothwendig theoretisch mit sich verbunden vorstellt, und dem, wornach man eine beliebige Jagd

an-

anstellt, ohne daß man gerechte Gründe und Nutzen davon angeben kann. Man kann es auch sehr leicht beweisen, daß jede theologische Untersuchung, die nicht nach dem Leitfaden Jesu, nach seinem heiligen Gesetze angestellt wird, und sich nicht innerhalb den weisen Schranken, die jenes nothwendig macht, hält, sondern auf bloßes Belieben und unzeitige Neugierde unternommen wird, zuletzt auf Schwärmerei oder Atheismus führen muß. Die Lehre Jesu bringt uns an die äußerste Gränze unsrer Erkenntniß von Gott, und setzt zugleich unsrer Forschung Maß und Ziel. Grade so viel sollen und müssen wir wissen, und mehr sollen wir nicht suchen und ist uns nicht zuträglich.

Zwölf=

Zwölfter Abschnitt.

Das höchste Gut freier Wesen.

Es ist merkwürdig, daß fast in allen Systemen, sowohl älterer als neuerer Zeiten, die Glückseligkeit als das Princip unsers Verhaltens und das vollendete Objekt menschlicher Bestrebungen aufgestellt wird. Ja man ist so weit gegangen, daß man selbst die Religion Jesu nach diesem allgemein angenommenen Princip modelte, und seine Lehre als eine bloße Anweisung zur Glückseligkeit ansah und bearbeitete.

Nun ist Glückseligkeit in der weitesten Bedeutung nichts anders, als eine vollständige Befriedigung aller Neigungen und Wünsche. Ein System also, das uns eine Glückseligkeitslehre liefert, müßte demnach unfehlbare Grundsätze und Vorschriften, das höchste Wohl zu erreichen, darbieten. Dies ist aber gar nicht möglich zu leisten, theils, weil die Regeln, welche auf Neigungen gegründet sind, eben so mannigfaltig, veränderlich und zufällig, als diese sind, ausfallen müssen, folglich nie allgemein und unfehlbar gegeben werden

werden können, theils weil, wenn auch wirklich solche unfehlbare Regeln des höchsten Wohls gegeben werden könnten, ihnen auch ein hinlängliches physisches Vermögen entsprechen müßte, um das zu bewirken, worauf die Regeln Anweisung geben.

Es ist also bloßer Mißverstand, und ein anmaß=liches Unternehmen, allgemeingültige und nothwendige Regeln einer Glückseligkeit zu geben, da diese an sich weder allgemeine und nothwendige Kriterien enthält, noch auch, wenn sie sie hätte, durch unsre Kräfte er=schwungen werden kann. Das Christenthum ist auch weit entfernt, seinen Zweck auf einen Kalkul der Klug=heit und mögliche Maximen der Naturneigungen zu gründen, es führt vielmehr immer auf eine Pflicht hin und verbindet mit der unbedingten Erfüllung derselben eine Verheissung dieses und des zukünftigen Lebens.

Hieraus ergibt sich denn, daß uns das Evange=lium gar nicht die Glückseligkeit zum höchsten Gute vorsetze; ja daß diese nie der letzte Zweck eines vernünf=tigen Wesens seyn könne.

Die Lehre Jesu nimmt einen ganz andern Weg, geht nicht zunächst auf Glückseligkeit, die wir nur nach einer sehr engen Sphäre zu würdigen verstehen, son=dern verläßt alle zuständliche Verhältnisse des Men=schen, und betrachtet ihn gleich von seiner ehrwürdigsten Seite als Bürger des Himmels, eines Reichs, das

ℓ unend=

unendlich und ewig, und wovon unser irdisches Habe nur als eine Folge anzusehen ist. Jesus legt es zunächst darauf an, den Menschen auf einen Karakter aufmerksam zu machen, der seine sinnliche Natur weit übersteigt; er erweckt unsre Selbstthätigkeit, und setzt uns in Freiheit. Dadurch eröfnet er uns zugleich ein Gesetz, das allein unserm Geiste anheimfällt, und unterwirft diesem Gesetze oder der wesentlichen Handlungsart des Geistes, die zufälligen Gesetze der Natur oder des niederen Begehrungsvermögens; will, daß alle unsre Neigungen der Sinnlichkeit dem Willen der Freiheit gehorchen, und unsre Handlungen in der Natur, nur Folgen, des selbstthätigen Geistes außer der Natur, seyn sollen.

Jesus zeigt uns, indem er uns als freie Geschöpfe Gottes und Bürger des Himmelreichs anstellt, daß das Gesetz unsers Geistes vollkommen und ewig ist, gleich dem Reiche, wozu es gehört, und dem Gesetzgeber, wovon es kommt; daß es der Wille Gottes selbst sey, und also Gebot des Urhebers der Natur und Gesetzgebers der Freiheit; daß ferner der Wille Gottes nichts anders wolle, als den Gebrauch unsrer Freiheit, sein Gebot nichts anders enthalte, als das Gesetz unsers Geistes, und er nichts anders billige, als die Handlung aus diesem Gesetze. Nun besteht aber unsre Freiheit in der Thätigkeit aus ihrem Gesetze,

oder

oder der Selbstthätigkeit des Geistes, also auch in der Unabhängigkeit von Naturtrieben und Neigungen; also soll das Sinnliche dem Geistigen, das leblose dem lebendigen, die Natur der Freiheit gehorchen; unser ewiger Geist soll Herr seiner vergänglichen Natur, unsre irdischen Handlungen sollen eine Wirkung unsrer himmlischen Kraft, sollen ein Nachbild des Urbildes seyn.

So steht also der Christ unter einem Gesetze, das ewig und allgemeingültig ist, nicht bloß für alle Menschen, sondern für alle vernünftige Wesen; ja das selbst der Wille des Urhebers der Natur und Gesetzgebers der Freiheit ist. Wie kann es demnach auch anders seyn, als daß dies Gesetz in uns und auf uns mit einer Macht und einem Ansehn wirkt, dem nichts zuwider seyn darf, und mit einer Strenge gebietet, die auch nicht dem geringsten Verstoß nachsieht. Ja dies Gesetz ist wesentlich, nothwendig, allgemeingültig für Himmel und Erde, ist Wille und Gebot Gottes, und reicht von Ewigkeit zu Ewigkeit. Darum hat und kennt der Christ keine größere Pflicht, als die ihm dies Freiheitsgesetz oder göttliche Gebot auferlegt, kein größeres Gut, als was dies Gesetz dafür erkennt, keine größere Würde, als welche die Kraft dieses Gesetzes der Gesinnung und Handlung ertheilt, keinen höhern Werth an der Person, als unbedingten Gehorsam gegen ihr Gesetz, und willige Unterwerfung unter die Pflicht. Kurz, nur das ist **Gut**, was das Gesetz unsers Geistes dafür erkennt, und alles, was ihm zuwider ist, ist **Böse**. Die Wirkung dieses Gesetzes auf Gesinnung und Handlung erzeugt Tugend; die Tugend, als Frucht der Religion betrachtet, oder weil sie Gott will, geleistet, heißt Frömmigkeit oder Gottseligkeit. Indem das vollkommene Gesetz auf eine unvollkommene Natur wirkt, gebiehrt sie die Tugend. Das vollkommne Gesetz, als göttlicher Wille anerkannt, gebiehrt die Frömmigkeit. Nun ist vollkommene Angemessenheit der Gesinnung und Handlung zum göttlichen Gebote zwar das unwandelbare Ziel unsrer Bestrebung; aber jeder mögliche Grad, welchen wir erreichen können, ist doch nur immer Frömmigkeit, d. i. Wirkung des vollkommnen Gesetzes auf ein unvollkommnes Vermögen. Das höchstdenkbare Gut ist demnach eine völlige Angemessenheit zum moralischen Gesetze oder **Heiligkeit**, und was wir, indem wir uns diesem unendlichen Gute ohne Aufhören zu nähern bestreben, erreichen, ist jedesmal Tugend, d. i. willige Unterwerfung unter das göttliche Gebot der Heiligkeit. Je mehr wir uns also dem Willen Gottes und seinem heiligen Gebote unterwerfen, desto größer wird unsre persönliche Vollkommenheit.

Die

Die christliche Lehre ist also zunächst eine Lehre der Unterwerfung unsers Willens unter das Gesetz der Heiligkeit, d. i. Tugendlehre, oder, in Bezug auf den göttlichen Willen Anweisung zur wahren Frömmigkeit. Der Christ kennt kein höheres ursprüngliches Gut und keine größere Würde der Person, als Heiligkeit, die aus der uneingeschränkten Handlungsart der Freiheit entspringt. Dieses höchste Gut besitzt allein Gott. Aber dies Ideal ist uns doch zur Nacheiferung vorgestellt, so daß wir unaufhörlich trachten sollen, heilig zu werden, wie unser Vater im Himmel heilig ist. Das abgeleitete höchste Gut, was wir jederzeit nur erreichen können, ist Frömmigkeit, d. i. ein Bestreben, dem vollkommnen Gesetze immer treuer zu handeln. Gott ist heilig, und wir sollen uns ewig und immerdar bestreben, heilig zu werden. Je mehr das Gebot Gottes über unser Thun und Lassen schaltet und waltet, desto größer ist unser persönlicher Werth, desto treuere Nachfolger Jesu, desto frömmer sind wir.

Vollkommene Angemessenheit der Gesinnung und Handlung ans Gebot Gottes oder Heiligkeit ist also das höchste Gut, welches uns die christliche Lehre als den vollendeten Zweck aller vernünftigen Wesen vorstellt. Handle nach dem Gesetze der Freiheit ist also auch das höchste Gebot, welches dem Menschen und allen vernünftigen Wesen gegeben ist. Alle übrigen Regeln des Verhaltens haben nur in so fern Gültigkeit, als sie aus jenem höchsten Gesetze abfließen.

Nur Eins ist es, was der himmlische Vater allein in die Macht des Menschen gegeben hat; nur Eins, was er durch seine alleinige Kraft erschwingen soll, und was aus der Obwaltung des Geistes über die Natur, aus dem willigen und selbstgewirkten Gehorsam gegen das göttliche Gebot entspringt: Tugend und Frömmigkeit, Vertrauen und Anbetung. Grade das edelste Kleinod und ein bleibender Werth, der allein durch Freiheit möglich ist, ja in der Freiheit selbst besteht. Nur so viel eigenthümlichen Werth hat der Mensch, als selbstgewirkter Gehorsam gegen den göttlichen Willen, als reine Achtung gegen sein Gebot bei ihm vermag. O, es ist nichts Köstlicheres unter der Sonne, als willige Unterwerfung unter seine Pflicht, und was sie gebiehrt, Anbetung im Geist und in der Wahrheit.

Mit der Selbstthätigkeit unsers Geistes aus dem Gesetze der Freiheit ist eine unmittelbare Folge verbunden, die sich durch innere Genügsamkeit oder Selbstzufriedenheit zu erkennen gibt, ein gewisses himmlisches Wohl, das durch Unterwerfung unter unsre Pflicht gewirkt wird, und erst dann erfolgt,

wenn

wenn der uneigennützige Gehorsam gegen das göttliche Gebot vorangegangen ist. Dieser Zustand eigner Zufriedenheit, der uns die Macht des Gesetzes und unsre persönliche Würde gleichsam fühlen macht, ist das einzige Wohl, was unmittelbar und nothwendig mit dem Gesetze Jesu zusammenhängt. Dies ist es, was unsern Geist empor hält und stärkt, wenn gleich die physischen Leiden mit aller Macht auf uns einstürmen; dies ist es, was uns alle Trübsale für kein Böses, und alle Zerstörung für keine Vernichtung zu achten vermag. Ja dies war's, was den Helden des Evangeliums und seine treuen Jünger beseelte, wenn sie den mit allen nur ersinnlichen Martern gefüllten Becher tranken. Diese himmlische Freude ist es, von welcher nur der Geist dem Geiste Zeugniß geben kann. Je treuer sich der Mensch dem göttlichen Gebote Jesu, als dem wesentlichen Gesetze seiner Freiheit, und folglich seiner Pflicht unterwirft, desto höher schwingt sich sein Geist und fühlt seine Größe.

Dies alles ist so einleuchtend, daß ihm selbst der geringste Mensch seinen Beifall nicht versagen kann; denn das Gesetz Jesu spricht allen Menschen so laut und vernehmlich, daß es selbst der rohe Einwohner wilder Einöden anerkennen muß, so bald man es ihm zu Gemüthe führt; allein die Macht des Gesetzes ist selbst bei den mehresten Christen nicht so groß, daß sie ihm Gehorsam leisteten, und in diesem Gehorsam ihre größte Freude fänden. Nur allein der Gehorsam Jesu gegen das göttliche Gesetz, dessen Herold er war, ist ein Gegenstand des tiefen Erstaunens, und einer unverweigerlichen Verehrung. Aber wenn auch jenes Gesetz noch nicht überall anerkannt wird, und auf das Verhalten der Menschen nicht den erforderlichen Einfluß hat, so schwächt dies doch die Gültigkeit desselben an sich nicht; denn es muß sich doch jeder Christ, ja jeder Mensch, der es hört und vernimmt, dagegen verpflichtet achten und zwar mit einer durchaus unnachsichtlichen Strenge. Die Verbindlichkeit gegen das Gesetz hört nicht auf, und wenn sich die ganze Natur dawider auflehnte. Es ist demnach durch die Heiligkeit des Gesetzes selbst außer allem Zweifel und apodiktisch gewiß, daß nur das, was es gebietet, (Angemessenheit der Gesinnung zu ihm, oder Heiligkeit) das erste und höchste Gut, und folglich allgemeine und nothwendige Bedingung alles untergeordneten Guten sey.

Es darf uns nun auch gar nicht befremden, (wie Jenen im Evangelium, der sich anmaßte, alle Gebote von Jugend auf gehalten zu haben) wenn Jesus den unbedingten Gehorsam gegen sein Gesetz, oder eine völlige Ergebung in den heiligen Willen Gottes zum Grunde aller seiner Belehrungen und Ermahnungen macht.

macht. Die Lehre Jesu ist darum keinesweges überspannt, und überfliegt die menschlichen Kräfte; sie ist vielmehr in dem wesentlichen Karakter unsers Geistes, in unsrer Freiheit gegründet. Freilich zuckt mancher die Achsel, und geht traurig davon, wie jener Jüngling; aber eben diese Beugung des Geistes und Traurigkeit ist schon ein Beweis der zwar schwachen, aber unwiderstehlichen Anerkennung des Gesetzes und seiner Verbindlichkeit zu demselben.

Wir stehen jetzt auf dem Gipfel christlicher Erhabenheit und im Mittelpunkt ihres Reichs. Die Macht des Gesetzes Jesu und sein Scepter winkt uns zu einer Höhe hinauf, wo wir ein Ideal der Nachstrebung erblicken, das unsern Geist entzückt, aber unsern Kräften unerreichbar scheint. Wirklich ist dem auch also. **Unendlicher Wachsthum und nie vollendeter Besitz ist unser Loos.** Wir haben uns deshalb wohl vorzusehen, daß wir auf dieser Höhe uns immer treu an die Lehre Jesu schließen, damit wir, uns selbst überlassen, nicht schwindlich werden, und anstatt zur lichten Sonne zu wandeln, in düstere Labyrinthe herabstürzen. Enge ist der Weg zum Leben, aber lichtvoll und gebahnt; man hüte sich nur vor der Ausweichung. Rings umher schimmert ein Reich voll blendender Irrlichter; Phantasie ist dort Königin, und Fanatismus ihr Scepter. —

Es ist wahr; streng und unnachsichtlich ist das Gesetz Jesu, und eben so vollkommen und herrlich das Ideal, das es uns zur Nacheiferung vorhält; allein auch nur so viel und so weit gebietet uns die Lehre Jesu, als es unsern Kräften zu erreichen möglich ist. Unser Gehorsam gegen das Gesetz Jesu ist ein beständiger Kampf zwischen Freiheit und Natur. „Das Fleisch gelüstet wider den Geist, und der Geist wider das Fleisch. Was wir nicht wollen, das thun wir." Daher ist es uns aufgegeben, nicht abzulassen, noch müde zu werden, sondern unsern Geist zu stärken, daß er im Kampfe mit den Neigungen obsiege, und sie beherrsche. Tugend und Frömmigkeit, d. i. immer fortschreitende Annäherung zum vollendeten Gehorsam gegen den göttlichen Willen, ist unsre höchste Pflicht, und das Mittel aller persönlichen Veredlung.

Dies zu wissen, ist für jeden Christen von der höchsten Wichtigkeit, damit er 1) nie abläßt, und nach immer höherer moralischer Vollkommenheit ringt; aber auch 2) vor dem Wahn bewahrt wird, sich je für moralisch-vollkommen oder heilig zu halten. Jenes ist der Weg zum Naturalismus, dieses zum Fanatismus. Wer da steht, sehe wohl zu, daß er nicht falle.

———

Drei

Dreizehnter Abschnitt.

Die Gnade Gottes.

Wir ersehn aus dem, wozu uns die Lehre Christi verbindet, daß ihre ganze Absicht darauf gerichtet ist, den persönlichen Werth des Menschen zu erheben. Sie will unsern Geist erwecken und ihn auf seine Freiheit, den Karakter eines Bürgers im Himmelreiche, leiten; sie will uns ein Gesetz eröffnen, das den Willen Gottes enthält, und uns dadurch auf unsre höchste Pflicht hinweisen.

Die Unterwerfung unter unsre Pflicht, als den heiligen Willen unsers himmlischen Gesetzgebers, ist mit Selbstzufriedenheit, einem Wohl verbunden, dem keine Freude der Erde gleicht, welches besteht, wenn gleich alles verlischt. Allein dieses Wohl erfüllt nicht alle Wünsche eines endlichen Wesens, selbst die gerechtesten nicht alle. Persönlicher Werth und äußerlicher Zustand, sittliche Vollkommenheit und natürliches Wohlbefinden sind sehr heterogene Dinge. Der Werth unsers Geistes entspringt aus dem Gehorsam gegen den göttlichen Willen, aber das Wohl unsers Zustandes

aus

aus äußern Verhältnissen. Sie haben also beide eine ganz verschiedene Quelle, stehen an sich in keiner nothwendigen Verbindung, und wenn Würde der Person und zuständliches Wohl zusammentreffen; so muß die Quelle ihrer Verbindung in einer ganz von ihnen verschiedenen Ursache angetroffen werden.

Wir können dies auch schon aus dem bloßen Gesetze Jesu, wenn uns auch nicht seine ausführlichere Erklärung zu Hülfe käme, sehr überzeugend abnehmen. Der Gehorsam, welchen wir dem Gesetze schuldig sind, ist unbedingt und unverletzlich. Das Gebot verlangt Unterwerfung des Willens ohne irgend eine Rücksicht; es verschmähet eben so sehr jede Hülfe, als es jeden Abbruch untersagt. Gesetzt, ich könnte Jemanden betrügen, ohne daß es je Einer erfahren würde; und wenn mich auch der Gegenstand noch so sehr anlockte, und mit allen seinen Reitzen bezauberte; ja wenn er mir ein Diadem verspräche; und wenn er mir im Falle der Ehrlichkeit Armuth und Verachtung, Hunger und Schändung, ja alle ersinnliche Martern schwarzer Furien androhete; so würde mich doch dies alles nicht von meiner Pflicht und dem Gesetze, das sie befiehlt, losmachen können. Und gesetzt, ich vergäße meine Pflicht und schwänge mich durch Untreue selbst auf den Thron des Glücks; so würde ich mich doch, wenn gleich äußerlich noch so geehrt, innerlich verachten, und in

den

den Augen des Gesetzes für nichtswürdig erklären müssen. Alles, alles kann erlöschen, nur nicht die Pflicht; alles verstummen, nur nicht ihr unbestechbarer Schutzengel, mein Gewissen. Ja dies ewige Gesetz ist so erhaben und majestätisch, daß es nicht allein keiner fremden Hülfe bedarf, sondern sie so gar verachtet und untersagt. Handle um anderer Absichten willen dem Gesetze gemäß, und es verwirft deinen Gehorsam. Du folgtest, spricht es, deiner Neigung, nicht meinem Gebote; du gingst an meiner Seite, aber ich leitete dich nicht; du gebrauchtest mich als Mittel, aber ich will Endzweck seyn; ich will den ganzen Antheil an deiner Handlung haben oder gar keinen. Sprich nichts von Pflicht, wenn ich sie nicht erzeuge. Nur mir allein sollst du gehorchen, und nichts, weder zur Linken noch Rechten, soll dich stärken oder schwächen. Ich bedarf und will keine Gunst; Pflicht und Schuldigkeit ist's, mir zu gehorchen.

„Und wenn ich alle meine Habe, spricht Paulus, den Armen gäbe, und liesse meinen Leib brennen; und — hätte der Liebe nicht, so wäre es mir nichts nütze." Was heißt dies anders, als von der Erfüllung der Pflicht alle fremde Motive ausschliessen, selbst die bloße Gesetzmäßigkeit nicht ein mal als verdienstlich ansehen, wenn sie nicht aus einer durch reine Sittlichkeit oder Pflicht motivirten Gesinnung abgeflossen ist. Nicht
also

also Nebenabsichten, nicht entfernte Gewinnsucht, nicht Ehrgeiz oder Eitelkeit, ja selbst die schmelzende Empfindung soll hier nicht gelten, sondern allein die Achtung vor der Pflicht, vor dem allgemeinen Gesetze der Liebe und des Wohlwollens. Zufällige Gemüthsstimmungen und Zusammenfluß der Umstände können hier wohl die Gelegenheit eröffnen; allein die Gesinnung sollen sie nicht erzeugen, oder sie ist nicht ächtchristlich, das ist, nicht reinsittlich.

Aus allem diesen erhellt zur Genüge, daß das Gebot Jesu Gehorsam verlangt, ohne auf Glück oder Unglück Rücksicht zu nehmen.

Hier ist nun der Zeitpunkt, wo uns die Lehre Jesu zu Hülfe eilen muß, damit, indem sie uns den Himmel eröffnet, uns der Boden unter dem Fuße nicht wanke. Sie hat uns so weit geführt, daß wir erkennen, daß nur das Gesetz der Freiheit der heilige Wille Gottes sey; sie zeigt uns, daß unsre größte Würde und höchstes Gut in dem Gehorsam gegen Gott und in der Willensunterwerfung unter die Pflicht bestehe, und daß wahre Tugend und Gottseligkeit an sich außer der von ihr selbstgewirkten innern Zufriedenheit keinen Genuß kenne, und mit weiter keinem Wohl durch sich selbst zusammen hänge, daß also, indem wir unsre Pflicht thun, aus dieser Pflichterfüllung

lung nicht der mindeste Rechtsanspruch auf zuständliches Wohl entspringe.

Wären wir nun solche Wesen, die eine dem Gesetze der Freiheit angemessene Kraft hätten; hätten wir eben so viel Vermögen zu erfüllen, als das Gesetz Macht hat, zu gebieten; so würde, da wir alsdenn nur einzig und allein aus diesem Gesetze handelten und nach diesem Gesetze existirten, auch unsre Selbstzufriedenheit mit unsrer Handlungsart in gleichem Verhältnisse stehen. Das Gesetz der Freiheit aber verlangt unbedingten und vollendeten Gehorsam, und das Gut, welches ihm völlig entspricht, ist Heiligkeit. Dies wäre nun ein wirklich unendliches Gut, und das Subjekt, dem es zukäme, müßte gleichfalls unendlich seyn. Ferner: das Wohl, welches der vollendeten Erfüllung des sittlichen Gesetzes zusteht, die Seligkeit im strengsten Verstande, ist auch unendlich, gleich der Bedingung, wodurch es möglich ist, der Heiligkeit. Die Tugend, welche in der Gesetzgebung der Freiheit über die Triebe der Natur besteht, würde bei dem obbenannten Subjekte, aller Hindernisse und Schwierigkeiten überhoben, in Heiligkeit übergehen, und der göttliche Wille würde nicht mehr Gebot, das Verhältniß unsers Willens zu demselben, nicht mehr Pflicht *),

sondern

---

*) Ein Gesetz heißt darum Gebot, und das Verhältniß des Willens zu demselben darum Pflicht, weil das Gesetz nöthigt,

sondern alleinige Handlungsart seyn. Wir würden aber in einer solchen Beschaffenheit nicht allein unsre Menschlichkeit, sondern selbst das Vermögen aller endlichen Wesen übersteigen; ja wir würden der Gottheit gleich seyn. So viel wir demnach einsehen, ist aller endlichen Wesen, und folglich auch der Menschheit loos, nur ohne Aufhören zuzunehmen, so wohl an sittlicher als natürlicher Vollkommenheit. Unsere Bestimmung ist nur unendlicher Fortschritt in der Tugend, nicht Heiligkeit; Bestrebung, nicht Besitz; tröstende Selbstzufriedenheit, nicht Allgenugsamkeit; himmlische Freude, nicht Seligkeit. Endlichen Wesen unter einem uneingeschränkten Gesetze konnte doch nur eine eingeschränkte Natur zu Theil werden.

Ich kehre also zurück. Der Geist ist über den Leib, die Freiheit über die Natur, und das himmlische Gesetz, keinem unterworfen, unterwirft sich alles, daß selbst der pünktlichste Gehorsam nichts wie seine Pflicht thut. Hieraus erhellt demnach, daß selbst die höchste Tugend und Gottseligkeit aus sich selbst keinen Rechtsanspruch auf zuständliches Wohl, keinen nothwendigen Zusammenhang mit Glückseligkeit
herleiten

---

thigt, und der Wille einer Nöthigung bedarf. Dies setzt aber einen Kampf mit heterogenen Trieben, folglich unvollkommene Natur unter einem vollkommenen Gesetze voraus; wie es denn auch bei dem Menschen und, so viel wir einsehen können, bei allen endlichen Vernunftwesen so ist.

herleiten kann und darf. Nicht kann — weil sich aus Frömmigkeit nicht Glückseligkeit analysiren läßt; nicht darf — weil das Gesetz der Frömmigkeit schlechterdings jeden Seitenblick auf zuständliches Wohl von den Motiven des Gehorsams ausschließt und verbietet. Dennoch aber wird die Glückseligkeit als zur Frömmigkeit zugehörig verheissen. Dies thut das Evangelium*), und jedem nachdenkenden Menschen bringt sich diese Zugehörigkeit unverweigerlich auf. Wenn sich nun Glückseligkeit nicht aus der Frömmigkeit, und diese sich nicht aus jener ableiten läßt, dennoch aber beide, nicht bloß willkürlich, sondern nothwendig zu einander gehörig vorgestellt werden, so frägt es sich: welches ist das Mittel, welche diese an sich heterogenen Begriffe und Dinge nothwendig verknüpft? Von Seiten der Begriffe nichts anders, als der reine Verstand, der durch seine Selbstgebärung jene seine synthetische Einheit zu Stande bringt. Da aber uns das Vermögen fehlt, die synthetische Einheit, so wie sie durch den Verstand vorgestellt und aufgegeben wird, selbst zu realisiren; so kann die vollendete Realisirung von nichts anderm, als der Gnade Gottes bewirkt und erwartet werden.

Hier

*) Trachtet am ersten nach dem Reiche Gottes, heißt es, und nach seiner Gerechtigkeit, so wird euch das Uebrige alles zufallen.

Hier tritt die Lehre Jesu gleichsam wie ein Gott aus den Wolken. Durch diese synthetische Einheit der Frömmigkeit und Glückseligkeit, die nothwendig, und nicht beliebig vorgestellt wird, zeigt sie uns unsern höchsten Gesetzgeber auch zugleich als den Urheber, Erhalter und weisen Regierer der Natur, und verbindet unsern Gehorsam zugleich mit einem unbegränzten Vertrauen auf seine Providenz. Allein die Güte und Gnade Gottes ist es, die das Reich der Natur mit dem Reiche der Freiheit, die Erde mit dem Himmel, und die Glückseligkeit mit der Frömmigkeit verbindet. Die Verbindung eines unbedingten Gehorsams gegen das Gebot Gottes mit einem unerschütterlichen Vertrauen auf seine Providenz, ist so konsequent, daß sie der Mensch nie aus den Augen verlieren darf, wenn er nicht seinem heiligen Gesetze abtrünnig werden, oder sich alle Augenblicke mit seinen Hoffnungen überwerfen will.

Die Lehre Jesu von der Gnade Gottes, als der einzigmöglichen Ergänzungsbedingung des zuständlichen Wohls zur reinen Gottseligkeit, ist den mehresten Gegnern des Christenthums, und selbst vielen seiner Bekenner, ein Stein des Anstoßes. So bald man auch die Lehre Christi nach der so gangbaren Glückseligkeitslehre modeln will, ist eine Inkonsequenz auch unvermeidlich. Denn wer sich die Regeln seines

nes Glücks gibt oder geben will, darf es nicht als etwas zu seinem Verhalten bloß fremdgehöriges ansehen, oder er entzweiet sich mit seinem eignen Princip. Allein es ist schon unrichtig, wie wir oben gesehen haben, daß man die Glückseligkeit als den höchsten Gegenstand menschlichen Bestrebens festsetzt, und aus ihr das Princip der Moral ableitet. Glück und Tugend, Wohl und Sittlichkeit, sinnliche Wollust und Gottseligkeit sind so heterogene Dinge, selbst in diesem Leben so selten Gefährten, und vertragen sich so sparsam bei einander; daß man es ihnen schon an der Stirne ansieht, daß sie aus ganz verschiedenen Quellen entspringen müssen. Wo sich das Glück häuft, da erdrückt es gern die Tugend, und wo sich diese erhebt, pflegt jenes nicht lange zu weilen. Beweis genug, daß ihre Vereinigung nicht durch sie selbst bewirkt und nothwendig gemacht wird. Auch ganz unwiderleglich erhellt dies aus der Lehre Jesu, wo er uns den Willen Gottes als das Gesetz unsrer Freiheit aufstellt. Dies Gesetz verbindet uns nicht allein durch sich selbst uneingeschränkt und ewig, sondern es verschmäht auch alle fremde Triebfedern zu seiner Beobachtung. Das Glück soll uns eben so wenig bewegen, als das Unglück abhalten, ihm zu gehorchen; es ist höher, als alles zuständliche Wohl und Wehe der Erden. Jeder Mensch, so bald man ihn darauf führt, erkennt jenes Gesetzes Macht, Allgemeingültigkeit und Nothwendigkeit, und folglich auch kein höheres Gut, als was das Gesetz auf den Willen bewirkt, die Heiligkeit. Ja das Bestreben nach Heiligkeit oder die Tugend, ist allein in der Macht des Menschen; so daß Gott nur in so fern unsern Gehorsam genehmigt, als er eine willige und selbstgewirkte Unterwerfung unter sein Gebot enthält. Unser Glück aber ist nicht so völlig, wie die Tugend, in unsrer Macht; es hängt von Umständen ab, die mehrentheils außerhalb unsern Kräften und Einsichten sind; hingegen unsre Frömmigkeit soll von keinen Umständen abhängen; sie wird unnachsichtlich geboten, und zu aller Zeit gefordert. Dies beweist denn unumstößlich, daß der Tugendhafte weder durch sich selbst glücklich ist, noch auch aus seiner Frömmigkeit einen Rechtsanspruch auf Glückseligkeit hat. Wenn demnach Tugend und Glückseligkeit in gleichem Verhältnisse stehen sollen: so muß dies von einer fremden Ursache vermittelt werden.

Man muß Rechtsanspruch von einer gegründeten Hoffnung unterscheiden. Wenn ein Beamter seinem weisen König treu und fleißig dient, und sich Geschicklichkeit erwirbt; so hat er bei vorkommenden Vakanzen die gegründete Hoffnung, sein weiser Herr werde ihn nicht übergehen und zurücklassen; aber er hat darauf keinen Rechtsanspruch. Gesetzt, die Gesinnung
des

des Königs hätte sich geändert, und nähme keine Rücksicht auf die Treue und Applikation jenes Beamten; so würde dieser zwar über Unbilligkeit, aber nicht über Ungerechtigkeit klagen können. So auch mit der Glückseligkeit. Wir haben aus unserm bloßen Gehorsam gegen Gott auf Glückseligkeit keinen Rechtsanspruch; aber doch gegründete Hoffnung. Nur tritt hier der Fall ein, wo unsre Hoffnung unfehlbar ist. Denn Gott ist ein weiser Regierer, und unabänderlich ist sein Karakter; daher geht unsere gegründete Erwartung, Gott werde unsrer Frömmigkeit eine angemessene Glückseligkeit zutheilen, in eine untrügliche Zuversicht über.

Also: Tugend und Glückseligkeit lassen sich nicht aus einander herleiten, und wenn sie verknüpft sind; so muß dies durch ein Drittes geschehen; und dies ist nichts anders, als die Gnade eines weisen Regierers.

Jedoch ist die Verknüpfung der Glückseligkeit mit der Frömmigkeit nicht etwa zufällig, sondern nothwendig; nicht beliebig, sondern geboten. Wenn es einen Willen Gottes, als unsers höchsten Gesetzgebers, gibt, der unbedingten Gehorsam verlangt; so müssen wir uns durch diesen unbedingten Gehorsam auch seiner Billigung und Güte würdig machen. Denn es ist ja Gott nicht, um so menschlich von ihm zu reden, ganz gleichgültig, ob und wie stark sein Gesetz bei uns wirkt;

Die Folgsamkeit muß ihm allein wohlgefällig, hingegen jede Uebertretung höchst mißfällig seyn. Das Wohlgefallen Gottes ist aber nichts anders, als Aeußerung seiner Güte, und der Gegenstand derselben sind seine eben derselben bedürftige Geschöpfe. Da wir nun der Glückseligkeit bedürfen, und uns allein derselben durch Gehorsam gegen unsern höchsten Gesetzgeber würdig machen sollen und können; so folgt, daß Gott uns auch dieselbe nach Maßgebung unsrer Würdigkeit ertheilen wolle und werde.

Aus der Einrichtung unsrer Natur entspringt das Bedürfniß, aus dem Gehorsam gegen das Gebot Gottes die Würdigkeit, und aus dem allgenugsamen Willen unsers Oberhaupts die Zutheilung. Auf solche Art hat sich Gott selbst die Quelle seiner Güte geöffnet, indem er derselben bedürftige Geschöpfe schuf; er hat sich selbst das Maß der Eintheilung gesetzt, indem er seine Gnade der Würdigkeit seiner Geschöpfe proportioniren will.

Hier ist es, wo die Religion Jesu in der schönsten Harmonie erscheint, und das Reich der Natur mit dem Reiche der Freiheit vereint. Wir erkennen nun nicht bloß unsre erhabene Abkunft aus dem göttlichen Gesetze, sondern haben auch die untrügliche Zuversicht, daß unser weiser Regent unserm persönlichen Werthe einen ihm angemessenen Zustand ertheilen werde.

„Du

„Du bist über Wenig getreu gewesen, ich will dich über Viel setzen!" „Was der Mensch säet, das wird er erndten."

Mit diesem Gedanken dürfen wir nur alle Natureinrichtungen betrachten, und wir sehen, was uns Gottes Weisheit zu hoffen gebietet, überall Beweise seiner Macht, Herrlichkeit und Gnade.

Die Zweifel, welche man gegen die Weisheit Gottes aus der Einrichtung und dem Laufe der Natur herleitet, indem man bald seine Güte, bald seine Gerechtigkeit zu vermissen glaubt, sind immer sehr schwach, und verrathen Kurzsichtigkeit und Eigendünkel. Wunderbarlich sind die Wege des Herrn, wer hat seinen Sinn erkannt, oder wer ist sein Rathgeber gewesen? Das unwandelbare Gesetz seiner Regierung und das unnachsichtliche Gebot unsrer Freiheit kennen wir; aber die Einrichtung, den Lauf und das Ziel der Natur können wir nicht ermessen. Wenn gleich hier die Tugend im Elende schmachtet, und dort das Laster im Glücke triumphirt, wenn wir hier schauervolle Zerstörungen ohne Plan und dort bewundernswürdige Erhaltung ohne Absicht zu sehen vermeinen; so thun wir doch jederzeit wohl, wenn wir gegen unsern Wahn protestiren und bedenken, wie schwach unser Verstand, wie kurzsichtig unser Auge und gering unsre Einsicht ist. Unser irdisches Leben, selbst des längsten Alters, ist gegen

gen unsre Ewigkeit kaum wie ein Tropfen im Ozean, und das härteste Loos eines Sterblichen verschwindet vor seinen herrlichen Aussichten wie der Thau vor der Morgensonne. Nicht Einer, der diese kurze Lebenstage, ja nicht Einer, der hundert Lebensepochen, noch länger oder kürzer wie jetzige, übersieht, nur der, der alle in allen von Ewigkeit zu Ewigkeit ermißt, kann wissen, was heilsam oder schädlich, was gerecht oder unweise sey. Genug für uns, daß wir den vollendeten Willen Gottes wissen und daraus mit aller Zuversicht abnehmen können, daß wir unter einer weisen Providenz stehen, die im Ganzen gewiß unser zuständliches Wohl mit unserm persönlichen Werth proportioniren wird.

Nur müssen wir nie die Glückseligkeit zum höchsten Gegenstand unsers Bestrebens machen; sondern uns bei einer uneigennützigen Unterwerfung unter den Willen Gottes, auf seine Gnade verlassen. Der Gehorsam gegen das höchste Gebot Gottes, hängt mit einem uneingeschränkten Vertrauen auf seine weise Regirung unzertrennlich zusammen. Dadurch, daß man diese Dinge trennte oder nicht zu vereinigen wußte, erwuchs dem Christenthume viel Nachtheil. Der Eine erkannte zwar das göttliche Gebot, und glaubte sich ihm dadurch ganz zu widmen, wenn er sich in Einöden begab und in Zellen verschloß; allein er irrte sich, wenn

er

er dachte Gott zu gehorchen, indem er faullenzte und seine Pflicht zu thun, indem er sich ihrem Wirkungskreise entzog. Ein Anderer klügelte an dem Gebote Jesu und modelte es zu seiner Absicht herab, und machte aus der erhabnen Freiheitslehre eine bloße Naturanweisung. Noch ein Anderer hielt die Lehre Jesu zu hoch, und ihr Gebot für übermenschlich. Kühn verließ er die himmlische Wahrheit und gehorchte den bloßen Trieben und Neigungen des Fleisches.

Wenn nun aber schon hier auf Erden die Frömmigkeit unser höchstes Gut ist, und sie an sich kein zuständliches Wohl oder einen Rechtsanspruch darauf verstattet, sondern wir das, der Frömmigkeit angemessene Glück, allein von der Gnade Gottes zu erwarten haben; wie verhält sich nun die Lehre Jesu zu dem, jedem Menschen unauslöschlich eingeprägten, Verlangen nach Glückseligkeit? Ehe wir diese Frage beantworten, wollen wir zuvor noch einen Blick auf den Stuffengang werfen, welchen das Christenthum in der Gründung unserer Religionserkenntniß nimmt.

Vierzehnter Abschnitt.

Stuffengang des Fürwahrhaltens im Christenthum.

Wenn man dem Gange, welchen das Christenthum in Beziehung auf unser Erkenntnißvermögen nimmt, nachspürt und etwas mehr ausfinden will, als gerade von der Oberfläche abgenommen werden kann; so wird man gewahr, daß die christliche Lehre gerade den Weg nimmt, welcher vor der prüfenden Vernunft der alleinbewährte ist.

Sie hebt vom Wissen an, geht von diesem zum Glauben über und endigt in Hoffnungen. Hiermit enthält sie als Religionslehre die Antwort auf die Fragen: Was muß ich wissen? Was kann ich glauben? Was darf ich hoffen?

Was aus objektiven und subjektiven Gründen erhellt, das weiß ich; was sich aus hinlänglich subjektiven Gründen ergibt, das glaube ich; wohin sich mein Gemüth bei übrigens problematischen Gegenständen durch den moralischen Willen bestimmt hinneigt, das hoffe ich.

A.

A. Nun hebt die christliche Lehre mit dem Sittengesetze an, und was ist wohl im ganzen Umfang religiöser Sätze das Erste und Einzige, welches wir untrüglicher erkennen und evidenter wissen könnten als das Gesetz der Freiheit, das Gebot der Liebe und des allgemeinen Wohlwollens? Dieses ist mit dem Wesen unsrer Vernunft so ein und ebendasselbe, daß wir, je mehr wir darüber nachdenken, auch desto deutlichere und unwiderreblichere Gewißheit darüber erhalten; ja, je mehr wir es versuchen, dieses innere Licht aus uns wegzuvernünfteln, uns seinem Glanze zu entziehen, uns vor demselben in die Finsterniß, dies Schutzreich böser Anschläge und Thaten, zu verkriechen, desto heller glänzt es nun uns, verfolgt uns in alle Labyrinthe und durchstrahlt jeden Schleier, selbst den dichtesten, wodurch wir uns vor uns selbst zu verhüllen alle Künste anwenden. Hier Nichterkenntniß, Zweifelhaftigkeit, Trüglichkeit vorgeben wollen, ist so unmöglich, als das Licht bezweifeln, deren Quell am Himmel hoch und hehr vor unsern Augen schwebt.

Nachdem nun dieser Gegenstand des Wissens, dieses vollkommene und königliche Gesetz aufgestellt ist; so können wir auch zugleich zu den Bedingungen geführt werden, unter welchen es nur allein als möglich gedacht werden kann. Wir setzen denn voraus oder nehmen an, was angenommen werden muß, weil ein

solches

solches Gesetz da ist, weil es in uns spricht, weil es unbedingt gebietet, weil es sich mit einer absoluten Nothwendigkeit und Allgemeinheit ankündigt und immerfort behauptet.

B. Das, was dieses Gesetz nun anzunehmen, uns treibt: weil es ist; macht den Gegenstand des Glaubens aus; das ist, wir halten etwas ausser diesem Gesetze (objective) für wahr, weil dasselbe unsern Willen (subjective) bestimmt.

Was müssen wir nun aus diesem subjektiven Grunde für wahr halten oder glauben? Das, was nur als die Bedingung der Möglichkeit des Gesetzes selbst gedacht werden kann — die Freiheit, übersinnliche Existenz, intelligibler Karakter, Persönlichkeit. Das Subjekt eines sittlichen Gesetzes muß selbst ein sittliches Wesen, eine Freiheit seyn; das Gebot, frei zu handeln, muß in einem Vermögen frei zu handeln, das Vermögen im Subjekte selbst, in seiner Freiheit gegründet seyn.

Was müssen wir ferner für wahr halten, weil das Gesetz da ist? Die Bedingung der Möglichkeit des Objekts des Gesetzes. Erstlich an dem Menschen. — Ewige Fortdauer des Selbstbewußtseyns, Seelenunsterblichkeit; das Wesen, welches des Gesetzes Forderung an sich realisiren soll, nämlich ewiges Wachsthum in sittlicher Vollkommenheit, muß ewig dasselbe bleiben; muß Identität des Bewußtseyns behalten.

halten. Zweitens äusser dem Menschen. Daseyn Gottes, als eines moralischen Oberhaupts der Welt und Bestimmers der Natur. Nur durch Gott allein, als den eben so allmächtigen, wie allweisen Herrn der Welt kann die Glückseligkeit im Verhältniß mit der Sittlichkeit bewirkt werden. Soll im ganzen Reiche der Welt immer eine Proportion zwischen Tugend und Wohlseyn Statt finden, und das will das Gesetz, so muß Einer seyn, welcher diese Proportion bewirkt und dieses ist allein durch Gott, als den heiligen Gesetzgeber der Welt und allmächtigen Bestimmer der Natur möglich.

So führt uns die Erkenntniß des Gesetzes der Religion zum Glauben an Gott, Freiheit und Ewigkeit.

Nur an diese lebendige Erkenntniß will Jesus jenen Glauben heften und bewahrt wissen. Darum rückt er ihn in und mit dem Gesetze zugleich ins Herz: liebe Gott. Darum will er die Aussage: daß seine Lehre Gottes Lehre sey, auch nur aus der Beherzigung und dem Versuch, sie zu beobachten, erprobt wissen. Wie schön sagt er: „so Jemand will den Willen thun des, der mich gesandt hat, der wird inne werden, ob meine Lehre von Gott sey." Joh. 7, 17. Ja wahrlich, nur der Versuch, das Gebot der Menschenliebe, wie es Jesus vollendet aufgestellt hat (Matth. 5.), nur

der

der Wille und der Versuch dieses ganz zu beobachten, kann den lebendigen Glauben so wohl an das Daseyn Gottes, als auch an die göttliche Sendung Jesu bewirken. Wer diesen Willen nicht hat, wer den Versuch nicht macht, bey welchem die todte Erkenntniß nicht in eine lebendige übergeht, der kann den wahren Glauben nie in sich hervorbringen; ja wer gern seinen Neigungen fröhnt, wird sich immer mehr von einer Ueberzeugung entfernen, welche sich mit seinen Anschlägen nie paaren kann. „Wer Arges thut, hasset das Licht und kommt nicht an das Licht." (Joh. 8, 31.) Sehr wahr und unmittelbar aus der Gemüthsbeschaffenheit abgenommen! Wer böse handelt, scheuet das Licht und am mehresten das Licht des moralischen Gesetzes, dessen Anblick ihm nicht bloß sich als unübereinstimmend mit dem Gesetze, sondern auch als verächtlich und nichtswürdig darstellt. Wer dieses Licht scheut, kann auch nie an dasselbe kommen; denn es fehlt ihm selbst der Wille dazu.

C. Was können wir unter der Anleitung eben desselben Gesetzes nun weiter noch hoffen? Es ist etwas Eigenthümliches im Christenthume, nicht, daß es etwas verheißt oder hoffen läßt, denn dieses hat es mit andern Religionssystemen gemein, sondern daß es etwas unter der Bedingung einer voraufgehenden Moralität verheißt oder hoffen läßt.

Kein

Kein Wunsch kann einem der Tugend und Frömmigkeit ergebenen Menschen angelegentlicher seyn und näher liegen, als eine göttliche Providenz und moralische Regierung, so wohl in der ganzen Natur überhaupt als in seinem eignen Leben insbesondere annehmen zu dürfen. Wirklich gründet sich dieser Wunsch auch auf einer Bestimmung des Willens durch das reine Moralgesetz. Soll ich diesem einen uneingeschränkten Gehorsam leisten, und dagegen die Ansprüche meines sinnlichen Begehrungsvermögens aufopfern, aus dem Grunde, weil ich selbst doch nicht weiß, was im ganzen Zusammenhange der Dinge zu meinem Frieden dient und ich weiter nichts zu thun habe, als mir die Würdigkeit zu verschaffen, ohne Rücksicht darauf zu nehmen, ob ich dadurch Wohlseyn erreiche oder nicht; so nöthigt mich eben das Gesetz, meinen Wunsch in den Willen einer höhern Macht zu resigniren und ich darf hoffen, daß selbst die natürlichen Ansprüche meines Ichs unter der Direction eines Wesens stehen, welches nach moralischen Ideen alles in allem regiert, und die Natur im Ganzen wie in ihren Theilen zum unbedingten Zwecke bestimmt. Ich vermuthe daher in allen Veränderungen meines Zustandes und des Zustandes der Dinge überhaupt eine weise Providenz und glaube auch da Spuren derselben, wo mein Auge nicht hinreicht. An sich ist der Gedanke einer Vorsehung proble-

problematisch. Sie kann seyn und nicht seyn. Aber ich wünsche, daß sie sey. Was habe ich nun für einen Grund, sie anzunehmen? Die Naturforschung an sich läßt den Absprung zu einer übersinnlich wirkenden Ursache nicht zu, oder sie hört auf Naturforschung zu seyn und thut, indem sie sich auf eine übernatürliche Einwirkung beruft, eben dadurch gänzlich Verzicht auf Erklärung und Einsicht. Ich muß also einen andern Grund haben, hinter dem natürlichen Laufe der Dinge noch eine andere Causalität zu vermuthen und anzunehmen. Diesen gibt mir das Moralgesetz, indem es meinen Willen bestimmt und mir gebietet, unter und nach seinem Gebote zu handeln, trotz allen Wirbelkreisen und Widerspiele des Schicksals. Um nun in der Forderung des Sittengesetzes an mich nicht irre zu werden, nehme ich an, alles stehe unter einer weisen Providenz, selbst die mir scheinbaren Labyrinthe des Schicksals und hoffe durch den Einfluß und die Direktion einer selbstständigen Weisheit eine solche Entwickelung und Auflösung der Dinge, daß auch mein Loos eine genaue Proportion mit meinem persönlichen Werthe hält.

Ich glaube also nicht allein das Daseyn Gottes, meine Freiheit, meine Unsterblichkeit, sondern auch eine weise Vorsehung und hoffe, indem ich nach dem Reiche Gottes trachte, daß mir das Andere alles zufallen,

fallen werde, gestärkt durch die Verheissung: „thue das, so wirst du leben."

Einen gleichen Grund hat denn auch die Verheissung der Wiedervereinigung mit seinen Freunden und allen wahren Verehrern Gottes unter Jesu, als dem Oberhaupte seiner Bekenner.

Selbst die Vernunft hat hier Gründe, welche zu einer wahrscheinlichen Vermuthung des: „wir werden uns wieder sehen" hinreichen. Es gibt nämlich Fälle, wo wir in den schmerzlichen Zustand der Reue kommen, darüber, daß wir unsere Pflichten gegen Einige unsrer Mitmenschen nicht erfüllt haben, und doch die Gelegenheit, sie grade gegen diese nachholen zu können, für ein großes Glück halten würden. Ja es würde uns die Reue über angethanes Unrecht oder versäumte Pflicht immerbar nagen und das zuletzt nur aus dem Grunde, weil uns die Gelegenheit nicht vergönnt würde, unsre Schuld wieder gut zu machen. Es läßt sich hoffen, daß der weise Regierer uns die Gelegenheit nicht immerdar versagen werde, eine Pflicht zu erfüllen, deren Nichterfüllung einen ewig nagenden Wurm in uns zurück läßt; die Vorsehung wird uns einen Wunsch gewähren, welcher aus reiner Moralität entquillt und zur Beförderung der reinen Moralität abzielt. Freilich ist es nur Vermuthung, aber sie hat doch die Moralität für sich, steht

N   mit

mit nichts im Widerspruch und behauptet daher in der christlichen Lehre mit Recht den Platz einer frohen Verheißung.

So steigt demnach das Christenthum von einer Evidenz (im Gesetze) durch den Glauben (an Gott, Freiheit, Unsterblichkeit) zum Vertrauen auf eine Providenz und zur Hoffnung einer endlichen Auflösung aller Dinge zur Verherrlichung Gottes und der Welt.

Alles, was hier gesetzt wird, quillt aus einem erkannten Gesetze; stützt sich als Glaube und Hoffnung auf dasselbe und wird nur darum geglaubt und gehofft, weil und in wie fern es das höchste Gut zu befördern erforderlich und wünschenswerth ist.

Alles aber hat auch zugleich den Stempel der Gedenkbarkeit, es enthält keinen Widerspruch in sich; es hat den Stempel der Thunlichkeit, es widerstreitet nicht den Gesetzen der Natur. Es kann also nie der Fall eintreten, wo auf dem einen oder andern Wege irgend Einer von jenen Sätzen aus Gründen widerlegt werden könnte.

Auf die Einhelligkeit der Sätze unter einander, ihre gegenseitige Unterstützung darf ich nicht erst aufmerksam machen, noch weniger die Würde hier in
An-

Anregung bringen, in welcher sich das Christenthum dadurch zeigt, daß es erstlich nicht mehr und auch nicht weniger behauptet, als sich rechtfertigen läßt und zweitens alles endlich auf reine Tugend und Frömmigkeit anlegt und zurückführt.

Funfzehnter Abschnitt.

Verhältniß der Glückseligkeit zur Sittlichkeit.

Jesus lehrt uns, daß Gott so wohl Urheber, Erhalter und Regierer der Natur, als heiliger Gesetzgeber des Himmels ist; alles, was wir sind und haben, kommt von ihm, dem Geber aller guten und vollkommnen Gaben.

Indem uns Christus den Willen Gottes oder das Gesetz unsrer Freiheit verkündigt, öffnet er uns den Himmel, und zeigt, daß wir Bürger desselben sind; indem er uns dies Gesetz als Menschen gibt, zeigt er, daß es Macht auf Erden hat. So ewig und unwankend das Gesetz ist, so heilig und machthabend ist es in jeder Epoche unsrer natürlichen Laufbahn. Dies Gesetz steht oben an, nichts darf ihm zuwider, alles soll ihm unterworfen seyn, es gilt für Jedermann, und Jeder erkennt seine Heiligkeit.

Nun ist es zwar kein Gesetz der Natur, aber es ist ein Gesetz über die Natur, und alle Begebenheiten,

ten, so fern sie der Kausalität freier Wesen zugeschrieben werden, sollen Wirkungen der Macht dieses Gesetzes *) seyn: liebe Gott — und deinen Nächsten als dich selbst. Hier finden wir den Uebergang und Zusammenhang des himmlischen Gesetzes mit unsern irdischen Verhältnissen. Sich lieben, heißt seine Glückseligkeit — und seinen Nächsten lieben, heißt dessen Glückseligkeit befördern. Wie sich selbst, d. i. seine Selbstliebe zum Maß des allgemeinen Wohlwollens machen. Hierdurch wird das Bestreben nach Glückseligkeit einer allgemeinen Gesetzgebung, die Selbstliebe der Liebe Gottes, d. i. dem willigen Gehorsam gegen sein heiliges Gebot unterworfen. Also: das Gesetz der Freiheit oder der Wille Gottes, ist unser höchstes Gebot, und das Bestreben nach Glückseligkeit die Sphäre seiner Machthabung.

Das Verlangen nach Glückseligkeit ist unsrer Natur so eigen, als das Gesetz der Freiheit unserm Geiste, und wenn wir in diesem den Willen Gottes erkennen; so glänzt in jenem seine Güte. Aus unsrer Natur kann sich nichts entwickeln, als wozu Gott den Keim und die Anlage gab; da er nun den Keim gab

---

*) Nicht bloß die Anerkennung des Gesetzes, sondern seine Machthabung über unsern Willen ist es, die uns der Gnade Gottes würdig macht. „Es werden nicht alle die zu mir sagen Herr! Herr! ins Himmelreich kommen, sondern die den Willen thun meines Vaters im Himmel."

und ihm die Anlage beliebte; so will er auch das Wachsthum und das Gedeihen.

– Glückseligkeit ist die Befriedigung unsrer Neigungen und Wünsche. Die subjektiven Bedingungen dazu sind Anlagen und Talente. Die Ausbildung derselben gibt Geschicklichkeit und ihr Gebrauch gibt Klugheit.

Glückseligkeit ist Bedürfniß der Natur; und da Gott der Urheber derselben durch Willen und Verstand ist; so ist es zugleich sein Wille und Gebot, jene zu suchen. Darum heißt es: liebe deinen Nächsten als dich selbst. Wir sind also verpflichtet, die Mittel, welche dazu verhelfen, zu suchen und zu gebrauchen; folglich alle unsre Talente zu entwickeln, und ihnen den höchstmöglichen Grad der Ausbildung zu verschaffen. Nur dadurch, daß wir von unsern Naturgaben und Glücksgütern den bestmöglichen Gebrauch machen, und den höchstmöglichen Nutzen stiften, können wir uns der Zusage getrösten: „du bist über Wenig getreu gewesen, ich will dich über Vieles setzen."

Es ist demnach nicht bloß in unser Belieben gestellt, ob wir unsre Naturkräfte entwickeln, unsre Talente bilden, ob wir unsern Verstand erhellen, unsre Urtheilskraft schärfen, ob wir den Landbau, die Handwerke verbessern, die Künste veredlen, ob wir unsre Sitten mildern und unsern Umgang verfeinern wollen:

nein,

nein; es ist, so fern es auf die wahre Wohlfahrt des Menschengeschlechts in Beziehung steht, Beruf, göttliches Gebot, ist Pflicht. Selbst Belebtheit und Fügung in die Zeit, Gewandheit des Geistes und Weltklugheit haben ihren großen Werth und Einfluß auf unsre Wohlfahrt. „Seyd klug wie die Schlangen, heißt es, und ohne Falsch wie die Tauben;" ja „was schön, was fein, was lieblich ist, ist irgend ein Lob, ist irgend eine Tugend, dem strebet nach."

Eine Lehre, die uns zeigt, wie wir unsern Neigungen die beste Richtung und sicherste Befriedigung geben können, wird eine Glückseligkeitslehre seyn. Diese wird uns anweisen unsre Talente zu bilden, uns Geschicklichkeit zu erwerben, unsere Naturgaben und Glücksgüter bestmöglichst zu nutzen, und uns in unsern äußern Verhältnissen zu schicken.

Eine solche Anweisung finden wir zwar nicht ausführlich im Evangelium; aber das Gebot zu derselben ist doch darin enthalten. Mehr sollte und konnte auch die Lehre Jesu nicht leisten; denn die einzelnen Regeln der Glückseligkeit beruhen alle auf empirischen Principien; sie sind so wandelbar und zufällig als die Neigungen, Bedürfnisse und Verhältnisse des menschlichen Lebens. Je höher die Kultur des Menschengeschlechts steigt, desto mehr Bedürfnisse eröffnen sich, desto verschlungener werden die Gänge der Geschäfte,

desto

desto künstlicher wird der Erwerb, und also auch desto mannigfaltiger die Regeln der Klugheit. Unwandelbare Regeln sind hier unmöglich, aber wohl ein Gebot, sowohl sein Wohl, als auch die Regeln, wodurch es erhalten wird, zu suchen. Dies Gebot liegt nun ganz klar in dem Urgesetze Jesu: liebe Gott und deinen Nächsten als dich selbst. In der Liebe gegen Gott ist das höchste Gesetz aller vernünftigen Wesen enthalten. Dieses wird nun auf unsre Natur also angewandt, daß es die Form eines Naturgesetzes annimmt. Es gebietet uns nämlich unsre Glückseligkeit zu suchen, aber so, daß unsre Maxime, durch die Kraft des göttlichen Gesetzes belebt, sich als ein allgemeines Naturgesetz oder als eine allgemeingültige Regel für alle Menschen rechtfertigen könne.

Christus gibt uns also zuförderst das Gebot der Heiligkeit. Dies verlangt eine völlige Unterwerfung unsers Willens, oder eine vollkommen geistige Handlungsart, d. i. wo die bloße Vorstellung eines Gesetzes der hinreichende Grund der Handlungen ist. Keine Furcht oder Hoffnung, kein Abscheu oder Neigung, sollen uns hindern oder antreiben. Das Interesse soll allein von dem Gesetze selbst gewirkt werden. Nach einem solchen Gesetze würden wir auch unausbleiblich handeln, wenn wir bloß übersinnliche Wesen wären. Da wir aber nicht bloß einen übersinnlichen

Karak-

Karakter oder völlige Freiheit haben, sondern diese mit einer sinnlichen Natur verknüpft ist, folglich auch eine in dieser Natur gegründete Begehrung auf unsre Handlungen einfließt; so kann jenes Gesetz in dieser Beziehung nicht höher gesteigert werden, als wenn es die Form eines Naturgesetzes annimmt. Dies geschieht nun dadurch, daß uns das Evangelium aufgibt, die Selbstliebe mit der Menschenliebe zu proportioniren, oder nach einer Maxime zu handeln, die für alle Menschen gültig ist.

Man glaube aber nicht, daß das Gebot Jesu selbst ein bloßes Naturgesetz sey. Es bedient sich bloß der Form desselben, um unsre Urtheilskraft zu leiten und ihr eine Regel zu geben, nach welcher sie in jedem Vorfall des Lebens, dem Sittengesetze gemäß, prüfen und entscheiden kann. Es steht nämlich das Sittengesetz in Beziehung auf die sinnliche Natur; unsre Handlungen in der Natur sollen aus den Winken desselben abfließen. Nun frägt es sich; da wir doch Theile der Natur sind, in derselben existiren und in derselben allein handeln können und sollen, welche Form wird das Freiheitsgesetz annehmen, um gleichsam ein Schema zu haben, nach welchem wir jederzeit verfahren können, um das, was das übersinnliche Gesetz will, in der Natur zu bewirken? Etwa die Form eines besondern oder eines allgemeinen Naturgesetzes? Offenbar

fenbar nur die Form eines allgemeinen Naturgesetzes. Die Regel also, welche hier allein dem Freiheitsgesetze angemessen seyn kann, wird diejenige seyn müssen, welche auch zugleich als allgemeines Naturgesetz gelten kann. Das Sittengesetz giebt uns daher in seinem Verhältnisse zur Natur folgende Regel: handele so, daß deine Maxime zu handeln auch zugleich als allgemeines Naturgesetz bestehen kann. — Dieses giebt der Urtheilskraft nun den Maßstab, nach welchem sie jede Maxime beurtheilen und ihren Werth oder Unwerth entscheiden kann. Es ist dieses gleichsam ein Schema für die Beurtheilung entworfen; und indem wir nach demselben in der Natur wirken, indem alle endliche Vernunftwesen nach demselben handeln, tritt die Natur mit der Freiheit in Uebereinstimmung; es wird Sittlichkeit und Naturgesetzmäßigkeit zugleich erzielt. Das Gebot Jesu in der Vollendung, welche er ihm gegeben, enthält auch diese Regel, dieses Schema für die Beurtheilung. Es heißt: „liebe deinen Nächsten als dich selbst." Die Selbstliebe giebt hier das Maß der allgemeinen Liebe, und ertheilt die Regel: die Glückseligkeit nach einer Maxime zu befördern, wodurch, wenn sie die Regel für alle Vernunftwesen in der Natur ist, die Natur in ihrer Gesetzmäßigkeit und Erhaltung nicht gestört, vielmehr befördert wird. — Die Selbstliebe an sich hat keine

Grän-

Gränzen, sondern geht auf Selbstsucht und Eigendünkel, wenn sie sich allein überlassen bleibt; sie wird aber dadurch einer Zucht unterworfen, daß sie selbst nur das Maß zur allgemeinen Liebe enthält. Dadurch wird sie angewiesen, sich so zu befriedigen, daß die Regel, welche sie sich macht, für die ganze Natur gelten kann. Die Allgemeinheit in der Form eines Naturgesetzes ist also ihr Schema und die Norm für die Urtheilskraft. Dennoch aber wird das Gesetz der Liebe an sich, dadurch, daß es sich eine allgemeine Naturgesetzmäßigkeit zum Schema nimmt, nicht selbst Naturgesetz, sondern es nimmt nur von der Natur im Allgemeinen die Form, gleichsam einen Typus der Beurtheilung, wenn und wie die Maximen eines Menschen geschätzt werden sollen. Wäre es bloßes Naturgesetz; so würden dadurch unsre Handlungen unvermeidlich werden, aber auch ihr ganzer Werth bestände bloß in Gesetzmäßigkeit. Nun aber steht ein Gesetz der Freiheit oben an und ertheilt unsern Handlungen Leben und Kraft, und die Gesetzmäßigkeit bekommt dadurch eine ganz andere Dignität, daß sie als durch Freiheit gewirkt angesehen werden muß. Hieraus ergibt sich auch, daß die bloße Gesetzmäßigkeit der Handlungen ihnen noch keinen eigenthümlichen Werth gibt, sondern nur dadurch, das das Freiheitsgesetz durch sie seine Kausalität beweist,

weist, erwächst dem handelnden Subjekte eine persönliche Würde. Das Freiheitsgesetz ist gleichsam die alles erleuchtende und belebende Sonne, und Gesetzmäßigkeit der Schatten, den sie wirft, wenn sich die Natur vor ihr stellt. Der Unterschied zwischen Gesetzmäßigkeit und Moralität der Handlungen, so subtil er auch zu seyn scheint, wird doch nie selbst von dem gemeinsten Verstande verkannt. Wenn ich einem Armen wohlthue, so wird es Jedermann gut heißen; allein kann man auf den innern Grund des Herzens bringen, und sieht man, daß ich es bloß aus Eitelkeit, temporeller Gemüthswallung, oder weil ich nur der lästigen Bitte los seyn wollte, that, so wird man augenblicklich zwar der Handlung Gesetzmäßigkeit; aber keinen sittlichen Werth, zuschreiben. Bloß die Achtung fürs moralische Gesetz muß die gesetzmäßige Handlung bewirken, kein fremdes Interesse, es mag Namen haben, wie es will.

Nunmehro sind wir im Stande, die Herrlichkeit der evangelischen Lehre gehörig zu würdigen, und ihr Verhältniß zum irdischen Leben genau einzusehen. Sie gibt uns ein Gebot, das über alles geht und die Formel desselben ist: liebe Gott. Das Objekt dieses Gebots ist Heiligkeit, das höchste Gut, welches wir in einem unendlichen Fortschritte zu erreichen bemüht seyn sollen. Das zweite Element unsrer Bestrebung ist Glückseligkeit.

keit. Diese sollen wir so hoch bringen, als es nur immer durch unsre Kräfte möglich ist; aber also, daß jeder Fortschritt, den wir hierinn thun, nicht bloß jenem Urgesetze gemäß, sondern aus ihm als eine Wirkung abgeflossen ist. Damit wir nun in der Bestrebung nach Glückseligkeit eine ganz unfehlbare Richtschnur haben, so gebietet uns das Gesetz der Freiheit, so zu handeln, daß unsre Handlungsmaxime als allgemeine Vorschrift für alle Menschen gelten könne. Hieraus sehen wir nun, daß Glückseligkeit zu suchen, nicht allein unsre Pflicht ist; sondern auch, wie wir sie suchen müssen, damit wir zugleich in unserm persönlichen Werthe immer höher aufsteigen.

Unsern moralischen Werth zu erhöhen, ist und soll ganz in unsrer Macht seyn, und wir haben hierzu das vollkommene Gesetz in uns, wie den Willen Gottes an uns; aber dagegen ist unsre natürliche Kraft sehr eingeschränkt, und wir können und wissen unsre Glückseligkeit nicht immer in der förderfamsten Art und zu einem befriedigenden Grade zu erschwingen; es kommt auf Naturanlagen, Talente, Glücksgüter und tausend äußerliche Verhältnisse an; das Schicksal rollt in einem unaufhaltsamen Strom vorüber, und mehrentheils stehen wir und staunen, wünschen und fürchten. Wir werden in dem Kreislaufe der Dinge mit fortgerissen, aller Gegensträubung zum Trotz — und wer

erkennt

erkennt nicht hier den himmlischen Trost Jesu, der uns sanft und milde in den frieblichen Hafen der Anbetung und Zuversicht zur weisen Regierung Gottes einlaufen läßt?

Es ist daher ein herrliches Werk Gottes, daß er die Natur so eingerichtet hat, daß sie allein durch die Freiheit bestehen und nicht schöner dargestellt werden kann, als wenn sie eine völlige Wirkung derselben ist. Wir kommen hierdurch unwiderreblich auf den Gedanken, daß das Sinnliche nur Wirkung und Erscheinung des Uebersinnlichen ist. Das moralische Gesetz Jesu will es auch so haben; alle unsre Handlungen sollen so fortgehen, daß sie pure Wirkungen und Reihenfolgen des thätigen Geistes sind, und alles, was dieser Forderung zuwiderläuft, wird unmittelbar der **Verschuldung des Geistes** zugeschrieben. Wie wäre dies möglich, wenn er nicht die eigentliche Quelle aller abgeleiteten Ergießungen wäre? Selbst die ganze Natur erregt erst dadurch und denn unsre Bewunderung, wenn wir sie als die Wirkung eines mit Verstand und Macht begabten und nach sittlichen Ideen wirkenden Urhebers betrachten. Ueberall Plan und Ordnung, überall Regelmäßigkeit und Spuren der Weisheit. Auch die Glückseligkeit, ob sie gleich nicht aus dem persönlichen Werthe selbst entspringt, kann doch nur sicher erreicht werden, wenn sie unter dem

Ge=

Geſetz der Perſönlichkeit geſucht wird. Gott ſelbſt hat den perſönlichen Werth nicht bloß zur Bedingung der Glückſeligkeit, ſondern ihn ſo gar zum Maßſtab der Ertheilung derſelben gemacht. Nur die Frömmigkeit macht uns der Glückſeligkeit würdig, und gibt uns die ganz unwiderlegliche Zuverſicht, daß Gott uns nicht im Elende laſſen werde. Da, wo wir Glückſeligkeit oder zuſtändliches Wohl finden, und keine Frömmigkeit oder perſönlichen Werth, bringt ſich uns ſelbſt ein Widerwille auf, der in Nichts als in der Ueberzeugung von einer weiſen Regierung Ruhe erlangt. Kurz wir müſſen Gott eben ſo ſehr in der Einrichtung und Zutheilung der Natur, als in der Schöpfung unſers Geiſtes bewundern. Er hat in beiden den Keim zu einer Harmonie gelegt, die uns entzückt, wenn wir auf unſre Zukunft blicken. Jede Verſündigung gegen das moraliſche Geſetz zieht auch zugleich natürliches Nachtheil hinter ſich her. Der Faule, der Wollüſtling, der Verſchwender, der Geizige — ſie alle häufen Verſchuldigung gegen das Geſetz ihres Geiſtes, aber zugleich ihr eignes Elend. Dieſe vortrefliche Einrichtung, da Gott die Natur der Freiheit ſo harmoniſch zugeſellt hat, gibt uns einen Fingerzeig ſeiner verborgenen Weisheit, und einer Regierung, wo gleichſam Güte die Kaſſe und Gerechtigkeit den Schlüſſel hat.

Da

Da wir, obgleich ewig, doch immer nur erschöpflich bleiben werden, folglich mit unsrer übersinnlichen Existenz stets eine unvollkommene Natur verknüpft seyn wird: so wird das Verhältniß der Glückseligkeit zur Frömmigkeit nicht durch die wenigen Glieder dieses Lebens, sondern durch alle Glieder unsrer ganzen natürlichen und intelligiblen Existenz bestimmt werden müssen. In dieser ganzen Existenz wird durch die Harmonie der Freiheit und der Natur immer ein Gleichgewicht erhalten werden; weil, so bald die Glückseligkeit der Frömmigkeit nicht angemessen ist, und jene die Würdigkeit der Person übersteigt, dadurch doch eine Verschlimmerung der Natur und zuletzt fühlbares Elend bewirkt wird; und hingegen, wenn die Würdigkeit größer ist als die ihr zugetheilte Glückseligkeit, wird der persönliche Werth durch sich selbst doch den Keim zu einer künftigen Naturveredlung legen, und einer verhältnißmäßigen Glückseligkeit theilhaftig werden.

Es ist demnach allerdings nicht allein beliebig, sondern Pflicht, seine Glückseligkeit zu suchen, folglich alle Mittel dazu zu gebrauchen, die ein gütiger Schöpfer in unsre Macht gegeben hat; allein sie macht nicht das höchste Gut und Ziel der Menschen allein aus. Der Wille Gottes steht immer oben an, und muß allem unsern Verhalten Richtung und Leben geben. Der uneigennützige Gehorsam gegen das himmlische Ge-

Gesetz oder Frömmigkeit ist die Bedingung, welche aller natürlichen Freude vorangehen muß. Nur wenn wir uns hierdurch der Glückseligkeit würdig gemacht haben, haben wir auch die Zuversicht, daß unser weiser Regierer das, was wir selbst nicht erringen konnten, durch seine Gnade ergänzen werde.

Das Wohl eingeschränkter Wesen ist nämlich zwiefach. Eines, welches aus dem Gehorsam gegen Gott unmittelbar entspringt, und mit dem persönlichen Werthe an und für sich selbst zusammenhängt, innerer Trost und Selbstzufriedenheit. Dieses könnte man ein Analogon der göttlichen Seligkeit nennen. Das Andere hängt nicht in und mit dem persönlichen Werthe zusammen, ob dieser gleich die formale Bedingung desselben seyn soll; es kann nur zum Theil durch unsre eigne Kräfte erreicht werden, und die völlige Anmessung und Ertheilung desselben hängt von der weisen Providenz Gottes ab. Gott, der Urheber der Freiheit und der Natur, ist auch das Princip, in und durch welches Frömmigkeit und Glückseligkeit zu einem gleichen Verhältnisse gebracht werden.

Die Verbindung unsers übersinnlichen Karakters mit einer eingeschränkten Natur zeigt uns auch die Nothwendigkeit einer Religion, und die vortrefliche Harmonie, welche wir zwischen Geist und Körper entdecken, macht uns die Religion verehrungswürdig und

O heilig.

heilig. Dem Gehorsam muß Vertrauen, der Frömmigkeit Hoffnung, zur Seite gehen. So unbedingt als jene seyn soll, so unfehlbar ist auch diese. Ohne Gehorsam verläßt der Mensch den Pfad seiner persönlichen Vereblung und ohne Zuversicht ist er ein mast- oder ruderloses Schiff, das früh oder spät die Wellen verschlingen.

Sechzehnter Abschnitt.

Recapitulation.

Wir haben nun die Grundwahrheiten, welche eben so nackt und gemeinfaßlich als gründlich und erhaben in der Lehre Jesu liegen, aus einem einzigen Princip gleichsam an einem Faden abgesponnen. Ich enthalte mich einer ganz ausführlichen Darstellung aller Lehrsätze des Christenthums, und begnüge mich hier damit, daß ich das Princip angegeben und entwickelt habe, aus welchem sich nun gar leichtlich alles Uebrige wird herleiten oder doch wenigstens beurtheilen lassen. Es war meine Absicht auch nicht, eine christliche Dogmatik zu schreiben; sondern ich wollte nur den G r u n d der Dogmatik so fest stellen, daß er hinfort vor aller Zerstöhrung oder scheingründlichen Anfechtung gesichert seyn kann. Alles, was zum reinen Christenthume gehört, muß sich auf diesem Grunde errichten oder an ihn anschließen lassen.

Es wird nun der christlichen Lehre nichts bessers wiederfahren können, als wenn man diese Methode, welche

welche ich zu ihrer Rettung und Ausbreitung gegeben habe, gründlich untersucht und das ergänzt und verbessert, was ich theils mit Fleiß, theils aus Unvermögen noch weggelassen habe.

Wir wollen nun noch einmal unsre Arbeit überschlagen, und ihren Hauptinhalt zusammenfassen.

Christus gibt uns eine Religion und bestimmt dadurch unser Verhältniß zu Gott. Wir erwarten also: 1) eine Sittenlehre, und 2) eine mit dieser nothwendig zusammenhängende Gotteserkenntniß. Erkenntniß unsrer selbst, unsrer Pflichten, Bestimmungen und Erwartungen. Wir erhalten deshalb von ihm ein vollkommnes Gesetz, das in seiner Fülle Himmel und Erde umfaßt. Dies Gesetz ist allen vernünftigen Wesen eigenthümlich, ja Wille der Gottheit selbst und sein heiliges Gebot an alle seine Geschöpfe. Es ist kein Naturgesetz, sondern über die Natur, Handlungsart des Geistes, Gesetz der Freiheit. Hiermit weckt er unser Gewissen, führt uns auf unsre übersinnliche Existenz, Persönlichkeit und Unsterblichkeit.

Es ist eben so unverletzlich als ewig. Allgenugsam durch sich selbst verachtet es jeden Beistand und untersagt jeden Eintrag. Darum ist dessen Beobachtung nicht etwa beliebig oder verdienstlich; nein, Pflicht ist es, die uns an dasselbe bindet, und Unterwerfung, die es fordert. Darum ist kein höheres

res Gut weder je auf Erden noch im Himmel, als Gehorsam gegen dies Gesetz und Frömmigkeit, die es bewirkt. Es ist machthabend über alles, was durch uns gethan werden soll; alles, was wir thun, soll als Wirkung der Macht jenes Gebots angesehen werden. Es ist unwandelbare Richtschnur aller Neigungen und Wünsche. Darum heißt es: liebe dich selbst, aber so, daß dein Geist die Maxime deiner Selbstliebe als ein allgemeines Gesetz autorisiren kann. Die Lehre Jesu widersteht also nicht dem Bestreben nach Glückseligkeit, sondern unterwirft es nur der Zucht des Freiheitsgesetzes oder des heiligen Willens Gottes. Es schlägt den Eigendünkel nieder, tödtet die Selbstsucht, und vernichtet die Uebermacht der Naturtriebe. Das Evangelium Jesu eröffnet uns unsre Freiheit, mit ihr unsre eigne Gesetzgebung und Verbindung mit einem himmlischen Reiche. Nun erkennen wir uns zwar in der Freiheit, aber doch nicht in einer gänzlichen Unabhängigkeit; in eigner Gesetzgebung, aber doch nicht allgenugsam; wir sind Glieder, nicht das Haupt; Unterthanen, nicht der Gesetzgeber; unsre Freiheit entspringt aus der schaffenden Allmacht, und unsre Gesetzgebung aus ihrem heiligen Willen. Wir erkennen in dem vollkommnen Gesetze einen allgenugsamen Willen, welcher Ursach unsrer vollkommnen Gesetzgebung und eingeschränkten Natur ist — Gott, den Urheber der der Freiheit und ihres Gesetzes, Ursach der Natur und ihrer Einrichtung, Urquelle aller Harmonie zwischen Geist und Natur. Durch seinen allgenugsamen Willen mit einem vollkommnen Gesetze ist er heilig — heiliger Gesetzgeber. Eben dadurch selig, — Quelle aller Genügsamkeit und himmlischer Wonne; durch Anmessung der Natur an die Freiheit, der Glückseligkeit an die Würdigkeit, weiser Regierer, gütig und gerecht; durch seine Heiligkeit ein Gegenstand der Anbetung und des Gehorsams, durch seine Weisheit — des Vertrauens und der Liebe. Christus stellt daher nicht bloß ein Gesetz auf, sondern ein Gesetz, das seine Würde in sich selbst trägt, das selbst heilig ist, mit eigner Majestät in uns und an uns spricht und selbst alle die Verheissungen ankündigt, mit welchen ein unbedingter Gehorsam gegen dasselbe bei endlichen Wesen nur bestehen und sich immerdar behaupten kann. — So gründet er eine Religion, die den vollendeten Willen Gottes enthält. Sein Gebot füllt den Himmel und ermißt die Erde, und seine Lehre von Gott erschöpft und enthält alles, was der Mensch hierüber nur fassen kann und wissen mag. Ja er erhebt den Menschen selbst zu einer Würde, worin ihm die Menschheit heilig wird, und gibt das Verhältniß des Menschen zu Gott so genau und richtig an, daß wir, je mehr wir seinen Sinn fassen, zur Verehrung und Folgsamkeit hingerissen werden.

Die

Die Lehre Jesu ist endlich so konsequent, der Würde, Bestimmung und Lage des Menschen so angemessen, daß man jeden Gegner auffordern kann, seine Waffen gegen sie zu kehren, und wir sind versichert, daß sie nach jeder Fehde und Anfeindung in einem schönern Glanze und verherrlichter Unschuld erscheinen wird.

Mit Recht heißt es von Jesu, daß er ein Licht der Welt war; denn wer seine Lehre begreift, in dem geht wahrlich eine Sonne auf, er bekommt die helleste Einsicht über sich, seine Würde, Bestimmung und Verhältniß zu Gott. Mit Recht spricht er: „Niemand kennt den Vater, denn ich;" denn die Erkenntniß, welche er uns kraft seines Gesetzes von Gott giebt, ist so lauter und erhaben, daß sie so noch nie in eines Menschen Sinn gekommen war.

Man halte seine Lehre an sein Leben, seinen Gehorsam an sein Gebot, und er wird Jedem eine Achtung und Ehrerbietung abnöthigen, die sich in den Wunsch auflöst, ihm ähnlich zu werden. Welcher Zauber und sanfter Schauer bringt nicht in die Seele, wenn er spricht: „Liebet eure Feinde, segnet die euch fluchen, thut wohl denen, die euch hassen, bittet für die, so euch beleidigen und verfolgen ꝛc." Wessen Herz glüht nicht von Liebe, und regt sich voll Ehrfurcht, wenn er dies alles zum Erstaunen seiner Zeit und der Nachwelt selbst that?

Erster

Erster Anhang.

Schwärmerei und Naturalismus.

Die Lehre Christi ist so einfach und einleuchtend, daß man kaum vermuthen sollte, daß sie so sehr hätte mißverstanden werden können. Sie ist auch so heilig und majestätisch, daß ein Jeder, der ihr sein Ohr leiht, auch seinen Gehorsam zuerkennen muß. Ich glaube daher, daß der Fehler mehr im Eigendünkel, der Ausflüchte sucht, als im Verstande, der irre geführt wird, zu suchen ist; denn das Gesetz Jesu ist so unnachsichtlich und heilig und zugleich so mächtig, daß es der Selbstsucht gar schwer angeht, sich ihm zu unterwerfen, sie es aber auch nicht wagen will, sich so frech ihm zu entziehen; sie sucht deshalb allerlei Winkel und Vorwände, um sich bald auf diese, bald auf eine andere Art von der gesetzlichen Zucht zu entfernen.

Jede Abweichung vom reinen Christenthume nähert sich mehr und minder dem Naturalismus. Ich nenne aber das Naturalismus, wo entweder ganz laut das Princip des Verhaltens auf bloße Natur gegründet

det wird, oder doch diese unvermerkt in's Spiel kommt, und das Gemüth allmählig in ihre Netze verstrickt. Es scheint zwar, als wenn die religiöse und moralische Schwärmerei mit dem Naturalismus nichts zu thun hätten. Allein wenn wir sie genauer betrachten, so finden wir, daß sie doch, indem sie sich auf der einen Seite von der Natur zu entfernen glauben, sich ihr auf der andern Seite wieder in die Arme werfen. Die religiöse und moralische Schwärmerei sind ein Paar treue Gefährtinnen. Der moralische Schwärmer affektirt einen hohen Grad der Frömmigkeit, hält seine Gesinnung dem göttlichen Gebote für vollkommen angemessen oder heilig; der religiöse strebt nach einer übermäßigen Einsicht von Gott, erträumt sich oder sucht eine innere, man weiß nicht, was für eine, Vereinigung mit Gott. Deshalb entzieht man sich der Welt, der Gesellschaft, den Geschäften, kurz allen Lebenspflichten, verschließt sich in Zellen, begibt sich in Einöden, bittet und betet um Heiligung, innere Anschauung des göttlichen Wesens, Versenkung, Vertiefung, und wer weiß, was man noch wünscht und schon zu besitzen wähnt. Man erträumt sich etwas, nicht, was Gott will, sondern was man selbst will und wünscht, ohne einmal zu wissen, was man denn doch so recht will und wünscht.

Man halte solches Beginnen an das Gesetz Jesu, das uns den vollkommenen Willen Gottes verkündigt. Dieses will, wir sollen ihm gehorsamen, und alle unsre irdischen Angelegenheiten sollen der Schauplatz und Wirkungskreis unsers Gehorsams seyn. Die Liebe gegen uns und unsre Nächsten soll die Sphäre der Machthabung des göttlichen Gebots seyn. Je thätiger und emsiger wir uns dem Willen Gottes unterwerfen, desto größer wird unser persönlicher Werth. Also Gehorsam und Unterwerfung unter unsre Pflicht — nicht eingebildete Frömmigkeit; willige Nachlebung nach dem göttlichen Willen, und ein unwankendes Vertrauen auf seine gnädige Fürsorge — nicht übermäßige Versenkung in sein Wesen — ist und verlangt der Geist des Christenthums.

Ist es nicht ganz wider den Sinn Jesu und seiner Lehre, und überläßt sich der Schwärmer nicht, indem er sich der Natur und dem Wirkungskreise seines kindlichen Gehorsams gegen Gott entzieht, seiner Einbildung und, indem er sich doch einen hohen Grad der Heiligkeit beilegt, dem Eigendünkel? Ihm spiegelt die Phantasie, anstatt daß ihn das göttliche Gebot Jesu leiten, ihm heuchelt der Eigendünkel, anstatt daß er in Selbsterkenntniß und Demuth, in Treue und Unterwerfung unter seine Pflicht seinen ganzen Werth setzen sollte. Kurz er ist ein Ball seiner Natur,

tur, indem er des Geistes Heiligkeit träumt und Gottes Anschauung wähnt. Wollt ihr aber sehen, daß solche Gemüthslagen ganz fern vom Geiste unsers Heilandes sind; so gebt den geringsten Zweifel gegen ihre anmaßliche Heiligkeit und Rechtgläubigkeit zu erkennen, und ihr werdet sehen, daß eben die erhitzte Einbildung und der stolze Eigendünkel Zorn und Verfolgung schnauben. O ihr Heuchler und Gottlosen! Seyd ihr die treuesten und vollkommensten Jünger des so milden, sanftmüthigen, des so ganz von himmlischer Liebe durchglühenden Jesus Christus? — Es kommt ja nicht darauf an, daß man das Gebot Jesu heilig hält, wir müssen uns auch zu demselben verbindlich erkennen, und darin allen unsern Werth setzen, daß wir mit vollkommner Resignation auf Eigendünkel und Selbsttäuschung dem Willen Gottes gehorchen. Unterwerfung! Demuth! Liebe! Friede! Freundlichkeit! Sanftmuth ist es, was Jesus uns lehrt.

Es ist sonderbar, daß der Mensch so gern auf Dunkelheiten ausgeht, wo er doch im hellen Lichte wandeln kann. Man sieht mit Befremden, daß so viele Christen von einer eitlen Forschsucht nach dem geheimen Wesen Gottes und den verborgenen Kräften der Natur gereizt werden, und sich so gern schmeicheln, mehr zu wissen oder ergründen zu können, als der gewöhnliche Menschenverstand fassen kann.

Von

Von dem Wesen Gottes wissen wir durch Jesum so viel, als zu unsern Angelegenheiten hinreicht. Das Christenthum stellt uns Gott als unsern mächtigen Schöpfer, heiligen Gesetzgeber, gütigen Vater, weisen Regierer und gerechten Richter vor. Dies und was mit ihm in einem nothwendigen Zusammenhange steht, ist und folgt so unwiderleglich aus dem bloßen Gesetze, das wir haben, daß nie ein nachdenkender Christ daran zweifeln kann. Hierbei sollten wir uns beruhigen; denn es enthält alles, was wir von Gott zu wissen nöthig haben, und auch nur begreifen können. Das Christenthum setzt uns auch gar weislich diese Schranken, und erklärt es für Vermessenheit, daß man sich, über die Gränzen unsers Erkenntnißvermögens hinaus, dem nähern will, der in einem Lichte wohnt, wozu Niemand kommen kann. Man sollte doch wissen, daß Achtung für das göttliche Gebot, das wir Alle erkennen können, und Gehorsam gegen dasselbe mit einer willigen Unterwerfung unter alle Pflichten des Lebens; Demuth, nicht Anmaßung; uneingeschränktes Vertrauen, nicht eitle Grübelei der Geist des Christenthums und unsers Heilandes sind. Man sollte doch wissen, daß williger Gehorsam gegen das Gesetz Jesu viel besser sey, als so gar jedes andere rühmliche Talent und brauchbare Wissenschaft, wie viel mehr als eine eitle

For-

Forschung nach dem Wesen desjenigen, der uns allen unbegreiflich und unerforschlich ist und bleiben wird? Ist denn die Majestät Gottes nicht vernehmlich genug, um ihn anzubeten, und sein Gesetz nicht heilig und bekannt genug, um ihm zu gehorchen und vollkommen zu vertrauen?

Die Betrachtung der Natur wird uns selbst im Christenthume geboten, und ihr Studium greift unmittelbar in die Beförderung unsrer Glückseligkeit; aber Beobachtung und Zergliederung allein sind es, die uns ins Innere der Natur führen. Wozu denn das Suchen nach geheimen, man weiß selbst nicht, was für Kräften? Gott hat uns hier ein herrliches und grosses Feld gegeben, worin alle Menschenalter nach dem gewöhnlichen Maße des Erkenntnißvermögens hinreichenden Stoff zur Untersuchung haben werden. In diesem wollen wir rastlos suchen und zugleich uns innerhalb den Schranken halten, die ein eben so weiser als heiliger Gott uns gesetzt hat. Wer dieses Feld, ohne es zu kennen, verläßt und nach Unbegreiflichkeiten späht, der beherzige doch seine Vermessenheit und bedenke, daß er kraftlos seine Flügel schwingt und er dahin nie kommen kann, wo eine weise Allmacht selbst unübersteigbare Gränzen gesetzt hat. Oder hofft er, daß ihm Gott ein Wunder thun werde, ihm, dem Undankbaren, welcher seine Augen vor dem herrlichen Schauplatz gött-

licher

licher Größe und Weisheit zudrückt und das nicht zu betrachten würdigt, was einer allmächtigen Weisheit zu schaffen nicht zu geringe war? „Es wird diesem ungläubigen Volke kein Zeichen gegeben werden."

Wir können vor dergleichen Thorheiten nicht besser verwahrt werden, als wenn wir uns ganz genau an dem Gesetze Christi halten. Dies zeigt uns, daß unser ganzer Werth in einem uneigennützigen Gehorsam gegen Gott, unser höchstes Gut in einer willigen Unterwerfung unter unsre Pflicht bestehe; daß alle Naturgaben, Anlagen, Talente, alle Künste, Wissenschaften und Glücksgüter nur einen relativen und allein reine Frömmigkeit einen absoluten Werth habe. Ein Glaube durch die Liebe thätig, Selbsterkenntniß, Demuth, Gehorsam, Anbetung und Vertrauen machen uns der Gnade Gottes allein würdig.

Es sey also ferne, daß das Christenthum irgend einer Schwärmerei den geringsten Vorschub thäte; vielmehr ist es Licht und Wahrheit, und wer aus seiner lautern Quelle schöpft, darf nicht erst nach Unergründlichkeiten spähen; was er braucht und wissen soll, ist ihm so hell, wie die Sonne am heitern Mittage.

Wer

Wer die Lebensregeln und Erkenntniß des Urwesens allein aus der Natur und ihren Gesetzen abzuleiten vermeint, ist ein Naturalist in strenger Bedeutung. Der Deist begnügt sich mit dem transscendentalen Begriffe, wie ihn die theoretische Vernunft ausbildet und aufstellt, dagegen erklärt er alle weitere Bestimmung, welche dieser Begriff in Beziehung auf sittliche und sinnliche Welt erhalten kann, für nichtig. Beide, so wohl der rigide Naturalismus als der öde Deismus sind kalt und unfruchtbar; haben die Kraft und Erhabenheit des sittlichen Gesetzes nie ganz erkannt; sonst würden sie eingesehen haben, daß es viel weiter reicht, als alle Natur, und daß es in nichts Anderem, als in der Freiheit oder übersinnlichen Existenz der Geschöpfe gegründet seyn könne.

Von diesen allen unterscheidet sich der Atheist. Ich glaube aber, daß es noch nie einen ernstlichen Atheisten gegeben habe. Um einen Gott zu läugnen, muß man doch schon zu einigem Nachdenken gelangt seyn. Nun ist aber schon der Begriff des Unbedingtnothwendigen unserm Denkungsvermögen so eigen, daß sich kein Mensch davon losmachen kann. Alles bekommt durch ihn Haltung und Begreiflichkeit; es ist mir deshalb nicht wahrscheinlich, daß je ein Mensch diesen seiner Seele so unwillkürlich anhängenden Begriff hat betäuben oder ersticken können.

nen. Ueberdies wirkt doch das moralische Gesetz so mächtig, und der Erweiterungstrieb so unwiderstehlich, daß gewiß jedem noch so ängstlichen Zweifler noch immer der Wunsch der Fortdauer, mithin auch ein banges Aufblicken auf einen Erhalter, übrig bleibt.

Zwei=

Zweiter Anhang.

Einige Einwendungen betreffend.

Ich habe zwar im Werke selbst auf die vorzüglichsten mir bekannt gewordenen Einwendungen gründlicher Gelehrten Rücksicht genommen, allein es wird dem Leser doch nicht unangenehm seyn, wenn ich hier noch einen und den andern Satz berühre und den Gesichtspunkt angebe, aus welchem ich die Sache ansehe oder angesehen habe.

Es hat sich keiner mit mehrer Umständlichkeit, Unpartheilichkeit und erwünschtem Scharfsinn über meine Versuche erklärt, als der gründliche Selbstdenker und Forscher H. Prof. Stäudlin in seinen **Ideen zur Kritik des Systems der christlichen Religion. Göttingen. 1791.**

Nicht auf alles, was in dieser Schrift besonders mich betrift, kann ich hier Bedacht nehmen, sondern muß jedes zur gelegenen Zeit und an seinen Ort versparen. Nur das, was gerade in die Absicht dieser Schrift

Schrift eingreift, welche mehr einleitend als ausführend seyn soll; will ich hier in der Kürze mitnehmen und zugleich dem würdigen Verfasser meinen herzlichen Dank für seine ernstliche Beurtheilung abstatten. Wenn es mehrern Gelehrten, denen gründliche Kenntniß und dauernde Ausbreitung der Religiosität am Herzen liegt, gefallen sollte, mit gleicher Unpartheilichkeit und erprobtem Scharfsinn grade auf die Sache los zu gehen: so glaube ich, wird die Erfüllung meiner Hoffnung nicht so ferne seyn, mit welcher ich mir schmeichele, daß wir bald ein festes System der Religion Jesu in ihrer ursprünglichen Reinigkeit und Würde erreichen und dadurch wahre Frömmigkeit unter allen Ständen befördern werden.

Wenn Kritik der Religion die Wissenschaft der Regeln der Beurtheilung der Religion ist, so folgt, daß sie sich zuerst damit beschäftigt, die **Gründe der Möglichkeit** einer Religion überhaupt aufzusuchen, die Principien anzugeben, auf welchen sie beruht, den Umfang derselben, ihren Inhalt, Beziehung unter einander und zu dem Erkenntniß- und Begehrungsvermögen, wie auch die Gränzen, innerhalb welchen sie sich halten, und den Zweck, auf welchen sie gehen, zu bestimmen. Diese Untersuchung geht ihren Weg, ohne auf irgend eine schon gegebene Religion Rücksicht zu nehmen, verfährt ganz a priori und schließt mit

lauter

lauter Resultaten, die aus allgemeinen und nothwendigen Grundsätzen abfließen.

Erst nach Vollendung dieses Geschäfts können besondere Systeme in Anregung gebracht, beurtheilt und erprobt werden. Die etwanige Zusammenstimmung, welche man alsdenn entdeckt, muß als zufällig betrachtet werden und erst, wenn die Resultate auf eine bewundernswürdige Weise zusammen treffen, wenn eine beinahe vollendete Analogie erreicht ist, darf man schließen, auch die Gründe des gegebenen Systems müssen mit denen des kritisch entworfenen zusammen treffen; jene mögen nun eben so wissenschaftlich vorliegen oder auch nur wie im Hintergrunde als wirksam vorhanden gewesen seyn.

Es kommt bei solcher Zusammentreffung der Resultate und der Vermuthung, daß ein identischer Hintergrund da sey, gar nicht auf Ausdruck und Sprache, nicht auf Methode des Vortrags und Entwickelung der Sätze, nicht auf alles das an, was seiner Form nach anders seyn kann und mag, sondern auf gewisse transscendentale Principien, welche als allgemeine und nothwendige Bedingungen der Sache überhaupt gedacht werden müssen. Wenn man nun zeigen kann, daß die Gründe des gegebenen grade keine andere gewesen seyn können, als die des kritisch gesuchten und entworfenen; so findet sich hier Harmonie in Gründen und Resultaten; jene mögen nun schon schulgerecht dargestellt seyn oder nicht.

Dies ist es, was ich damit sagen will, daß die christliche Religion mit der kritischen genau harmonire. Die Entdeckung dieser Harmonie wirft alsdenn ein großes Licht auf die christliche Offenbarung, wo nicht für den Gemeinverstand, so doch für den Kenner und die ganze Untersuchung muß sich zuletzt in Hochachtung gegen den Stifter der christlichen Religion auflösen.

Bei einem Religionsgebäude, wie das christliche ist, kann die Vergleichung mit kritischen Grundsätzen gar nicht auf eine Entdeckung der Harmonie in der Terminologie, Beweisesart, und Vortrag gerichtet seyn, denn diese Dinge ändern sich mit dem Gange der Kultur und den Fortschritten des Wissenschaftlichen überhaupt. Hierauf kommt es auch gar nicht an; sondern der Kritiker untersucht bloß die Bedingungen, unter welchen die Resultate der christlichen Religion als solche, wie sie gegeben sind, bestehen, Sinn und Festigkeit erhalten können; er forscht nach Principien und untersucht, ob solche entweder selbst mit gegeben sind, oder sich aus dem Gegebenen auf eine konsequente Art herausbringen lassen. Ich glaube nun, daß dies ganz der Fall mit dem Christenthume ist und habe deshalb diese Vergleichung durch einige wesentliche Momente durchgeführt. Nicht wollte ich

hier

hier erkünsteln, darum ließ ich die Kritik erst für sich sprechen und hinterdrein stellte ich die Resultate der christlichen Offenbarung auf. Die nun so entdeckte Analogie mußte in identischen Gründen liegen und die Aufstellung derselben vollendete die Ueberzeugung, daß in wesentlichen Theilen überall Harmonie sey. Um diese Ueberzeugung unwankend zu machen, muß man versichert seyn; daß man erstlich authentische Resultate der christlichen Religion in die Vergleichung bringt; daß zweitens die von ihnen gesuchten Bedingungen nothwendig und evident sind; daß man drittens nach einer Kritik im Allgemeinen, nicht nach einem schon autorisirten System derselben verfährt; folglich sich gar nicht an eine Terminologie bindet und von dieser ausgeht, sondern Principien sucht und sich denn derjenigen Ausdrücke bedient, welche den Gedanken allein angemessen sind.

So viel zum 27sten §. des erwähnten Buchs. Ich will nun noch Eins und das Andere zur gegenseitigen Verständigung hinzusetzen.

Der Hr. Verfasser meint §. 29: ich fände sehr häufig metaphysische Gründe in den Aussprüchen Christi und seiner Apostel vorhanden, die wir doch höchstens nur aus den Resultaten entwickeln könnten. Dies will ich allenfalls einräumen und glaube nichts dadurch zu verlieren; denn wenn sich die Gründe aus den Resultaten entwickeln laſſen, ſo müſſen ſie dieſen als nothwendige Bedingungen unterliegen, müſſen zu den Reſultaten hingewirkt haben; ſie mögen nun in Schrift und Worte verfaßt vorliegen oder nicht. Und denn bleibt die Parallele immer treffend, geſetzt daß man auch die Einkleidung und Methode derſelben neu fände.

Wichtiger iſts, wenn der Hr. Verfaſſer ſagt: „ich ſtelle oft Gründe auf, welche zu den Ausſprüchen Chriſti nicht paſſen, oder ihnen nicht proportionirt ſeyen." Wäre dieſes, ſo hätte ich meine ganze Sache verloren. Denn die chriſtliche Religion auf unpaſſende und unproportionirte Gründe ſtellen, heißt in der That noch weniger als nichts thun; denn es bringt einen Fehler in die Unterſuchung. Dies iſt aber doch ſicher auch nicht einmal die Meinung des Hr. Verf. Ich will mich daher über einige Punkte, welche jene Anſchuldigung darthun ſollen, rechtfertigen.

„Die chriſtliche Religion (ſage ich) iſt eine Religion der Freiheit und gründet ſich auf den intelligiblen Karakter des Menſchen." Dieſes, meint der Hr. Verf., ließe ſich faſt von allen Religionen der Welt beweiſen, wenn man ſo folgern dürfte, wie ich. Ich aber bin auch der Meinung, daß eine jede Religion, wie viel ſie von der Moral hat, ſo viel iſt ſie auch auf den intelligiblen Karakter gerichtet. Nur ſchade,

schade, daß die Moral in allen andern Religionen theils wenig Platz hat, theils in einer Mißgestalt angebracht wird. Sie verhält sich in den mehresten Religionen, wie einige gute Flicken auf einem schmutzigen und zerrissenen Kleide. In der Religion Jesu aber nimmt sie den ersten Platz ein, ist herrschend und bestimmt alles Uebrige aus sich und durch sich; daher ist diese auch ganz auf Freiheit erbaut und hat die Veredlung des intelligiblen Karakters allein zum Zweck. Aber was meint Christus für eine Freiheit? Welchen unter den vielen Begriffen von der Freiheit hatte er? Will er dadurch Kausalität durch Vernunft, Bestimmung des Willens und Verhaltens durch ein allgemeines Gesetz verstanden wissen? Dringt er dadurch auf Selbstgesetzlichkeit? Sieht er hiermit die Vernunft als Schirm und Kraft der Religion an? „Diese Sätze, meint der Hr. Verf., lassen sich freilich manchen Aussprüchen Christi als Grundsteine unterlegen; aber wer ist uns Bürge dafür, daß Christus sie wirklich so dachte; besonders da sich andere Sätze eben so wohl als Fundamente derselben denken lassen." Der Bürge ist Christus selbst und sein ausdrückliches Wort; Bürge sind die Gründe, daß er nur so und nicht anders verstanden werden kann, daß jede andere Auslegung mit seinen sämtlichen Erklärungen kontrastirt; daß ihm kein edlerer Zweck je untergelegt werden

den kann, als grade derjenige, welcher mit solchen Gründen und Resultaten übereinstimmt. Also: welchen Begriff von Freiheit hatte Jesus und legte er allein zum Grunde? Offenbar den moralischen. Er nennt sich den Herold der Wahrheit, und diese, sagt er, solle uns frei machen. Sein erster Zweck war also Befreiung. Wovon? Von allem, was nicht machthabend in dem Menschen seyn soll; also Entbindung von Menschensatzungen, priesterlicher Tyrannei, politisirtem Gottesdienst, Unwissenheit, Aberglauben, Fanatismus jeder Art, Erhebung über die Herrschaft der Sinne, Leidenschaften, Temperamente, Abrufung von Unthaten, Lastern und Frevel jeder Art u. s. w. Dies war Befreiung, ein negativer Nutzen, welchen er stiften wollte. Nun aber kann Etwas nicht aus lauter Negativen bestehen, sondern jeder Negation muß eine Realität, jeder Einschränkung etwas Uneingeschränktes zum Grunde liegen. Folglich lag auch dem negativen Bestreben Jesu etwas Positives zum Grunde. Und was war dies? Positives Licht, positive Wahrheit, positive Freiheit. Er entband seine Verehrer von allem, was nicht heilsam war, hob jedes unnütze Gesetz auf. Wollte er dadurch vollkommene Gesetzlosigkeit und Anarchie stiften? Nein! diese Entbindung sollte ihnen „keinesweges zum Deckmantel der Bosheit dienen;" sondern setzte in die Stelle

der

der aufgehobenen Gesetzgebung eine andere. Der Befreiung, dem Negativen folgte eine Freiheit, etwas Positives. Die Dunkelheit floh vor dem Lichte, die Thorheit vor der Wahrheit, die Fesseln vor Freiheit. Freiheit ist mit Selbstgesetzlichkeit identisch. Soll diese empor kommen; so muß sie erkannt werden, als etwas Positives; wir müssen einen positiven Ausspruch derselben, ein Gesetz, haben. Dieses Gesetz muß die nothwendige Form der Freiheit, die Art ihrer Handlung ausdrücken, muß Gesetz der Freiheit, muß Selbstgesetzgebung seyn. Die Formel dieses Gesetzes stellt nun Jesus in dem Gebote der Liebe auf, erklärt dieses für das erste und größte seines Reichs, und mahlt mit seinem Zauberpinsel das reine Schema desselben Matth. 5.

In dieses Gesetz sollen wir hinein schauen, wie Jakobus sagt. In etwas bloß Negatives läßt sich nicht hinein schauen, nichts erkennen; es muß also etwas Positives seyn, wie es auch ist.

Nun ist aber das Gesetz reinsittlich, so lauter, daß es uns den Gipfel des Bestrebens aller endlichen Vernunftwesen darstellt. Nach diesem Gesetze handeln, muß also das Positive seyn, welches, nach Aufhebung alles Negativen, allein aufgestellt wird. Das Gebot aus und nach dem Gesetze der Liebe, das ist, dem reinen Moralgesetze zu handeln, setzt ein Vermögen

mögen voraus, sich das Gesetz vorzustellen und demselben gemäß zu handeln. Das Vermögen wodurch das Gesetz, als allgemeines Gesetz, als Princip, allein vorgestellt wird und vorgestellt werden kann, ist die Vernunft. Das Vermögen aus demselben zu handeln, die Freiheit. Also kann hier Christus nichts anders als die Vernunft zur Bewahrerin des Gesetzes und nichts anders, als die Freiheit, zur Ausführerin desselben autorisiren. Jede andere Hypothese wird hiermit ausgeschlossen; folglich bleibt nur diese Zurückführung als die einzigmögliche und richtige übrig.

Mögen wir nun diese Dinge nach unsrer Art schulgerecht so oder anders in Worte verfaßen, so bleibt doch immer die Sache dieselbe. Keine andern Gründe können den Aussagen Jesu untergelegen haben und untergelegt werden. Daher behaupte ich zuversichtlich; daß Christus, indem er das reine Moralgesetz als etwas Positives in seiner Reichsconstitution auffstellt, er auch auf keine andere Bedingungen und Gründe hinwinkt, als wodurch allein das möglich ist, was er will. Er muß also die Menschen, in so fern sie seiner Religion huldigen sollen, als solche Wesen betrachten, deren Vorstellungsvermögen ein allgemeines Gesetz repräsentiren kann; die durch diese Repräsentation Kausalität haben können; deren Begehrungsvermögen durch ein solches Gesetz bestimmt werden kann; welche sich auf

solche

solche Art selbst bestimmen können; welche diese Bestimmungsart als die ihnen wesentliche und eigne ansehen; welche in dieser Bestimmung sich selbst genügen, welche also durch ihre Vernunft und Freiheit denselben Beruf an sich erkennen, welchen ein wohlthätiger Bote der göttlichen Weisheit in ihnen anfacht, und mit allen denen Gründen unterstützt, welche am Ende wieder auf die gereinigten Wünsche derselben Subjecte appelliren und darin ihre letzte und unzerstörbare Haltung gewinnen.

Eine solche Freiheit kann Jesus nur gedacht haben; und er hat sie auch wirklich gedacht, laut seiner eignen Erklärung, laut der Wiederhohlung seiner Apostel, laut dem Geiste, welchen seine ganze Religion athmet. Man gebe einen einzigen andern Grund an und mache begreiflich, wie auf einem andern Wege oder unter andern Bedingungen der Gehorsam des Menschen gegen Gott auf Liebe gegründet werden könne. Selbst die ausserordentliche Hülfe Gottes, den Verstand des Menschen zu erleuchten und dem Geiste ein Uebergewicht über die Sinnlichkeit zu verschaffen, konnte und sollte doch am Ende keinen andern Zweck haben, als Liebe, Glauben und Hoffnung, wie der Ap. Paulus ausdrücklich erklärt.

Auch ist es wesentlich, daß sich der Mensch als Christ wie seinen eigenen Gesetzgeber erkennt, obgleich

gleich der Hr. Verf. behauptet, daß auch ohne diesen Satz der Hauptinhalt der christlichen Religion fest stehen würde. Ich muß gestehen, daß mir dieses unbegreiflich ist. Gehorsam aus Liebe, freiwillige Unterwerfung unter seine Pflicht und doch fremde Gesetzgebung, eigenmächtiger Aufdrang — diese Dinge fliehen einander. Auch streiten sie mit den ausdrücklichen Erklärungen Jesu. „So Jemand will den Willen thun desjenigen, der mich gesandt hat, der wird inne werden, ob meine Lehre von Gott sey." Er stellt hier den Willen und Versuch vorauf; wie könnte er das, wenn der menschliche Wille ein ihm fremdes Gesetz erblickte? wenn er nicht durch Erprobung Harmonie mit seinen wesentlichen Zwecken erkennen würde? So würde ja der gebotene Versuch grade der Absicht Jesu widersprechen; anders zeugen, als er es hoffen läßt. So könnte ja sein Gebot nicht Leben und Seligkeit verheissen, deren erste Bedingung die ist, daß der Gehorsam mit Selbstzufriedenheit lohne. Selbstzufriedenheit aber durch Gehorsam ohne Harmonie mit den wesentlichen Zwecken des Gehorchenden ist unmöglich. Wo aber Harmonie ist, da müssen die Gesetze in Eins fallen; es muß am Ende klar seyn, daß der Mensch nichts anderes wollen könne, als was Gott will, folglich göttlicher Befehl und eigne Pflicht auf ein und eben dasselbe hinwinken und zurückweisen.

Der

Der Hr. Verf. meint, das jedem Menschen beiwohnende Gefühl von Freiheit sey Jesu hinlänglich gewesen, um verstanden zu werden. Sehr richtig, so lange der Vortrag in den Gränzen der Popularität bleibt; aber so bald die Sache auf Gründe geführt wird, fragen wir: worauf beruht das allen Menschen beiwohnende Gefühl von Freiheit? Und hier ist die Antwort: auf Freiheit. Läge nicht in allen Menschen dieser eben so wesentliche als erhabene Karakter, so würde er nicht in Allen wirken. Nun aber wirkt er in allen und zwar durch das Sittengesetz, als die Art seiner Existenz, folglich ist es eben dieses, welches ihn uns bezeichnet, so daß wir sagen dürfen: Freiheit ist das Vermögen aus einem unbedingten und eignen sittlichen Gesetze zu handeln und hiermit steht denn auch die Realität des transscendentalen Begriffs, welcher es als ein Vermögen Erscheinungen von selbst anzufangen erklärt. Die Kraftäusserungen dieser Freiheit auf die Sinnlichkeit bewirken das Freiheitsgefühl; dieses ist daher die Folge eines zu oberst liegenden Grundes, einer Bedingung, ohne welche das Bedingte (das Gefühl) nicht möglich ist.

Daß nun grade die Absicht Christi mit uns dahin geht, was der Begriff der Freiheit enthält, muß uns auffallen und in Bewunderung setzen. Zum wenigsten sehe ich keinen andern Begriff, welcher den

Absich=

Absichten Jesu angemessener wäre, als wenn ich mir denke, daß er uns so zu handeln gebietet: daß unsere ganze Gesinnung, und die ihr entsprechende Wirkung in der Sinnenwelt eine Folge des Sittengesetzes sey; ja daß nach der Idee der christlichen Religion die ganze Sinnenwelt der Geisterwelt untergeordnet und in ihrer Abfolge gleichsam das Nachbild eines Urbildes (des Reichs der Freiheiten) seyn soll.

Nach diesem ist es auch ganz richtig, was der Hr. Verf. bewiesen verlangt: daß nach dem Sinne Jesu ein Gesetz seinen Ursprung, Existenz und Verbindlichkeit in eben der Kraft haben müsse, die es ausüben und sich in der Ausübung desselben wirksam beweisen soll. Diese Kraft ist die Freiheit. In dieser hat das Sittengesetz seinen Ursprung und wird durch die allgemeine Denkform, durch die Form der Vernunft, vorgestellt. Es erhält durch die Freiheit seine Verbindlichkeit, indem es das obere Begehrungsvermögen unbedingt bestimmt, das ganze untere Begehrungsvermögen sich unterwirft und in seinen Dienst nimmt. Jede Handlung aus Freiheit und dem Gesetze derselben ist zugleich Ausübung der Freiheitsmajestät und Erweis ihrer Wirksamkeit. Alles dieses folgt aus dem Sittengesetze und in wie fern es daraus folgt, hat es Realität. Gesetzt es gäbe nicht eine einzige Stelle im N. T. wo diese Begriffe entwickelt wür=

würden, so müssen sie doch alle als nothwendige Folgerungen eingestanden werden, wenn und weil das Christenthum das reine Moralgesetz aufstellt. Aber ich verweise auf die Berichtigung des Mosaischen Gesetzes der Liebe gegen den Nächsten, wie sie Jesus gibt und auf die beredte Erörterung, welche Paulus davon leistet. Man denke sich alles weg, was Jesus und Paulus aus den Motiven des Wohlwollens entfernen und behalte allein das Positive, was übrig bleibt, so wird man finden, daß in dem Ideal der Handlungsart, welches sie aufstellen, nichts anderes übrig bleibt, als eine Abfließung des Verhaltens aus und nach dem reinen Gebote der allgemeinen Liebe, das ist, nach einem Schema, dessen Grundzüge allein durch ein Gesetz entworfen werden, welches die Vernunft vorstellt und wodurch die Freiheit, der wesentliche Karakter unsers Geistes, allein handelt. Es ist keine andere Vorstellungsart damit vereinbar und ich fordere Jeden auf, mir eine andere vereinbare vorzuschlagen. Ich bringe auf die Angabe der Bedingungen, unter welchen das, was Jesus fordert, allein als möglich gedacht werden kann. Selbst die beispiellose Popularität Jesu muß auf solchen Principien beruhen; wenn sie auch nicht wörtlich da liegen.

Der

Der Hr. Verf. gibt mir (§. 30) schuld, daß ich das Gebot Jesu verstümmele, weil ich es nicht ganz aufstelle. Ich habe es ja ganz aufgestellt, nur daß ich es nicht immer ganz wiederhohle; welches wohl nicht nöthig war, da es jedem Leser vorschwebt. Aber sie sind sich auch gleich, die beiden Formeln, wie es Jesus selbst angibt, und die Eine weiset immer auf die andere zurück. Jedoch läßt sich selbst ein Verhältniß unter diesen Formeln angeben; denn die letztere drückt die Sphäre der Machthabung der Ersteren aus; wie es Jakobus sehr gut angibt, wenn er sagt, daß unser Gottesdienst sich dadurch zeigen solle, daß wir die Wittwen und Waisen besuchen u. s. w.

Auch übergeht der Hr. Verf. eine Hauptsache: Jesus hat dieses Gebot nicht bloß aus dem A. T. entlehnt, sondern es offenbar berichtigt Matth. 5. Denn so wie es die Juden verstanden und nach dem A. T. verstehen mußten, war es einseitig und partikulär. Ich habe dieses oben ausführlicher berührt. Auch hat das so berichtigte Gebot im Christenthume eine weit höhere Dignität, als es im Judenthume hatte.

Was der Hr. Verf. über das Gebot der Liebe sagt, hat meinen ganzen Beifall; nur darin bin ich nicht seiner Meinung, daß er es nicht als christliches Moralprincip gelten lassen will. Ich muß gestehen, daß

daß ich aus allen Erklärungen Jesu und der Apostel nichts anderes herausbringen kann. Uebersetzen wir die populäre Sprache des Evangeliums in eine philosophische, so wird das Erste und Größeste das Oberste, das Insichbegreiffen ein Principium. Die griechischen Ausdrücke κρεμᾶσθαι, ανακεφαλαιουσθαι genügen selbst der strengsten philosophischen Bestimmtheit und wenn diese an den Stellen auch nicht in ihrer schulgerechten Form gemeint war, so lag sie doch gewiß der Sache nach zum Grunde. Warum soll es Paulus dort so genau nicht genommen haben, da seine Erklärung doch einer strengen Genauigkeit eben so gut und noch eher angemessen ist, wie dem Gegentheil? Unbestimmtheit muß man einem Lehrer, wie der Apostel Paulus war, nicht ohne Noth aufbürden; und so viel ich einsehe, mußte er allerdings meinen, daß sich aus der allgemeinen Menschenliebe, wie aus einem Principe (κεφαλη) das ganze christliche Moralsystem ableiten lasse; denn wie hätte er sonst sagen können, daß alles Andere in ihm enthalten sey? Was in einem Satze (νομος) wie in einem Haupte enthalten ist, muß sich auch aus ihm ableiten lassen.

Q. Daß

Daß Paulus, wie die christliche und jede menschliche Moral, auch das Pathologische nicht ganz ausschließt, ist ganz richtig, nur sollen die pathologischen Gründe den reinsittlichen untergeordnet seyn. Immerhin mögen also Empfindungen bei der Sittlichkeit konkurriren; nur kann von ihnen keine Pflicht an sich und kein oberstes Moralprincip abgeleitet werden, eben weil Empfindungen nicht sicher lehren, was Pflicht sey und selbst einer höhern Leitung bedürfen.

Aber ich mögte wohl wissen, welche höhere Ideen und Principien noch vor dem Gebote der Liebe gegen Gott und den Menschen vorauf gingen. Der Hr. Verfasser gesteht selbst, daß dies Gebot das erste und größeste sey, daß es **unbedingt gebiete**; es kann also als pflichtgründend keins über sich haben. Es soll auch nicht. Christus sagt: „thue das, so wirst du leben," und Petrus: „wer das thut, ist Gott angenehm" und Paulus: „dieses thun, ist des Gesetzes Erfüllung" und Jakobus: „wer dieses thut, ist selig in seiner That."

Ich muß gestehen, daß ich besorge, den Hr. Verfasser nicht ganz zu verstehen; denn unmöglich können seine Worte das ganz sagen sollen, was sie zu sagen scheinen; ich erkläre daher auch, daß meine Gegengenerinnerung nur den Sinn trifft, welchen ich darin zu finden glaube.

„Chriſtus, heißt es S. 124., ſollte hier auf einmal einen metaphyſiſchen Satz vorgetragen haben, deſſen Sinn bis auf die Entſtehung der neueſten Philoſophie ſo viel als verſchloſſen geweſen wäre." O nein! Dieſer Satz liegt nicht ſo verſchloſſen, daß es erſt der Schöpfung einer neuen Philoſophie bedurft hätte, um ſeinen Sinn zu finden. Er liegt in aller Menſchen Seele tief eingegraben, hat gewirkt, ſo lange die Welt ſteht, und ſein Sinn war allen Menſchen zu aller Zeit gleich offen und klar; nur daß die Rohheit der Sitten, der Mangel an Kultur, das Toben der Leidenſchaften dieſes Licht immer verdunkelte, jeden Durchbruch der Strahlen hemmte, jede Anſprache überſchrie. Der ſtrenge Philoſoph kann mit jenem Gebote nie einen andern Sinn verbinden, nie einen andern hinein künſteln, als auch der gemeine Verſtand dabei denkt. Der Unterſchied liegt hier bloß in Sprache und Ausdruck, welcher in der Schule allerdings beſtimmter ſeyn kann und muß, als im gemeinen Leben. Alles was man hier leiſten kann, iſt dieſes, daß man dieſelbe Sache in richtigere Formeln bringt und ſchulgerecht darſtellt. In der populären

Spra-

Sprache leistet die Formel Christi alles, was man wünschen kann.

Der Hr. Verf. will das Sollen mehr als ein consilium ansehen und meint, es könne auch durch: es ist gut; es ist Pflicht; es bahnt den Weg zur Ausübung aller Gesetze, Gott zu lieben: übersetzt werden. Die beiden erstern Uebersetzungen lasse ich allenfalls gelten; aber nicht die letzte. Den Weg bahnen, heißt: als Mittel dienen; aber jenes Gesetz will nicht Mittel, sondern Endzweck seyn. Es gebietet unbedingt, gilt um sein selbst willen. So muß es wenigstens verstanden  werden und nach diesem würde: den Weg bahnen, hier heissen: ein oberstes Gesetz repräsentiren. — Sollte der Imperativ hier nichts beweisen, warum steht er denn da? Und alle andere Uebersetzungen: es ist gut; es ist Pflicht; wenn diese nicht auf ein relatives Gute auf eine relative Pflicht deuten sollen, so kehren sie am Ende doch auf einen Imperativ, auf ein absolutes Gebot zurück.

Dem Worte Liebe soll ich so gar einen doppelten oder dreifachen Sinn unterlegen. Nicht doch. Ich stelle bloß die Bedingungen auf, unter welchen Liebe gegen Gott möglich ist; und finde sie in der Harmonie des göttlichen Willens mit dem Freiheitsgesetze; ich

suche

ſuche die Gemüthsſtimmung, welche allein durch dieſes Verhältniß gegen Gott gegründet werden kann, und finde ſie in der Achtung gegen den höchſten Geſetzgeber (nicht in ſchmelzender Empfindelei, beliebiger Hinneigung, eigenſüchtiger Hoffnung, knechtiſcher Anhänglichkeit und dergl.); ich erwäge die Folge der Beherzigung jener Harmonie auf das Begehrungsvermögen und finde, daß ſie ſich in den höchſten Grad der Willigkeit, dieſer ſchönſten Qualität des Gehorſams, auflöſen müſſe. — Dies ſind nicht verſchiedene Bedeutungen der Liebe, ſondern Bedingung, Wirkung, Folge des durch ſie aufgeſtellten Verhältniſſes des Menſchen zu Gott.

Beſtreben und Erreichen widerſprechen ſich nicht, ſondern in dem unendlichen Progreſſus des Beſtrebens wird auch immerdar mehr erreicht. Wer ſich ohne Aufhören beſtrebt, den Willen Gottes zu thun, wird in dieſem Beſtreben auch ohne Aufhören gewinnen. — Endlich: wo der Gehorſam aus Liebe quillen ſoll, muß Harmonie zwiſchen den reinen Wünſchen des Gehorchenden und den Befehlen des Gebietenden ſeyn; muß der weſentliche Zweck der abgeleiteten Freiheit mit dem Endzweck der urſprünglichen Freiheit in Eins fallen; wo nicht, ſo iſt Liebe, Achtung, williger Gehorſam,

ſittli=

sittliche Vereßlung unmöglich. Man gebe mir einen andern möglichen Ausweg und ich will alles zurücknehmen.

Nicht alle positive Lehren des Christenthums sollen aus dem Moralprincip abgeleitet, aber sicherlich alle nach demselben gewürdigt werden. Mehr kann ich hier nicht davon sagen; die Erörterung dieses Satzes gehört in die Censur.

Was der Hr. Verfasser S. 141 f. über den symbolischen Theismus sagt, ist sehr wahr; nur macht es auch eigentlich keine Instanz gegen mich. Ich lasse selbst einen Anthropomorphismus zu und glaube, daß das Christenthum ihm nicht entgegen ist. Nur behaupte ich, daß die Regel des Symbolismus zum Grunde liegen und uns leiten muß, damit wir im Anthropomorphismus nicht zu weit gehen und der Mystik Thor und Thür öffnen. Auch bleibt der Symbolismus die einzige Voraussetzung, unter welcher sich die Behauptungen der Schrift von einer Unsichtbarkeit und doch Erkennbarkeit Gottes vereinigen lassen. Wenn nur die Sätze des Evangeliums auf diese Regel zurück geführt werden können und diese Regel der Analogie die einzige ist, welche unserm spekulativen und praktischen Interesse genügt; so haben wir auch

schon

schon alles, was wir brauchen, um die Einhelligkeit der schriftlichen Auffagen mit den Forderungen einer reinen Vernunft darzuthun. Sollte nun auch das Evangelium den Unterschied zwischen Analogie der Dinge und Analogie der Verhältnisse der Dinge nicht wörtlich machen, so macht es ihn doch der Sache nach, indem es offenbar lehrt; die Herrlichkeit des Unsichtbaren aus seinen Wirkungen durch Verstand erkennen. Wir sollen die Folgen eines Urgrundes betrachten und erwägen, wie sich das Urwesen zu jenen verhalte, in wie weit dies Verhältniß aus dem Sichtbaren und Erkennbaren bestimmt werden könne. Wollte das Evangelium uns nicht bloß auf Verhältnisse leiten; so hätte es uns gar nicht auf Wirkungen allein, sondern dahin führen müssen, daß wir die Wirkungen gleichsam wie wesentliche Ausflüsse oder Theile der Gottheit an sich betrachten sollten. Eine Meinung, die auf den Mysticismus führt und der christlichen Offenbarung ganz entgegen ist.

Ob Christus die Moral auf die Religion, oder diese auf jene bauete? Der Hr. Verfasser meint S. 151: „weder das Eine noch das Andere." Ich aber sage: es gibt kein Drittes; Eins von beiden muß am Ende entweder stehen oder fallen. Denn die Religion

gion ist entweder um der Moral willen oder Diese um Jener willen. Christus aber läßt hier gar keinen Zweifel übrig; denn er erklärt die Pflicht theils an sich selbst für verbindlich, theils stärkt er unsern Willen dadurch, daß er sie auch zugleich für ein Gebot Gottes erklärt. Hiermit bekommt sie göttliche Sanktion; sie tritt mit der Religion in Eins, Tugend wird Frömmigkeit.

Nun erkläre man, wie reine Pflichterfüllung und Religiosität verbunden seyn können, wenn jene nicht diese als eine moralischnothwendige Forderung aufstellte.

Wenn man behauptet, die Vernunft sey in der christlichen Religion allein gesetzgebend, allein einsehend, allein herrschend, so ist dieses nicht von der Vernunft subjektive, sondern von ihr objektive zu verstehen. Gott wird hier selbst als die hypostasirte Vernunft gedacht und alle abgeleitete Vernunft hat dieses Ideal zum Vorbilde nach Nachstrebung. Es wird demnach keine endliche Vernunft das ganz erreichen, was ihr als Urbild vorschwebt; aber dieses hebt doch die alleinige Obermacht derselben in der Idee nicht auf. Es ist uns daher aufgegeben, bloß durch Vernunft einzusehen, durch sie Gesetz zu geben, durch sie zu würdigen;

bigen; und folglich stehen auch alle gegebene (positive) Sätze unter ihrer Kritik und Censur. Aber eine so disciplinirte Vernunft ist auch bescheiden, maßt sich nichts an, spricht nicht ohne Gründe ab; sie legt es nur darauf an, alles auf reine Pflicht und reine Anbetung in der Religion zurück zu führen. (S. §. 36. bei dem Hr. Verf.) Wenn nun auch das Christenthum nicht wörtlich Kultur geböte, so folgt dieses doch auch seinem Endzwecke; denn die Kultur ist das Mittel sittlicher Veredlung.

Die christliche Lehre bringt nichts Fremdes in den Menschen hinein, sondern erleichtert nur die Entwickelung der ursprünglichen Anlagen. Dieses aber kann freilich nicht von den materiellen Kenntnissen des Christenthums gelten, die ihr allerdings neu seyn können; aber sie stehen immer unter der praktischen Würdigung der Vernunft. Denn wäre dieses nicht, so fehlte uns überall das Mittel, jene heilsamen Wahrheiten in einen Zusammenhang mit den moralischen Forderungen des Evangeliums zu bringen.

So viel für dieses Mal. Ich glaubte es dem Hr. Verfasser und dem Leser schuldig zu seyn, mich doch wenigstens über einige Punkte zu erklären und zu versuchen, ob, da wir in der Hauptsache einig sind,

sind; nicht auch in den Nebendingen eine nähere Einverständigung zu erhalten sey. Es ist uns beiden nur um Beförderung der Wahrheit und Sittlichkeit; und hiermit um ächte christliche Religiosität zu thun.

Inhalt.

             Seite.

Erster Abschnitt. Ueber Verbesserungen, Titel und Inhalt der Schrift. Erklärung über vorgebliche Sektirerei. Ideen. 3

Zweiter Abschnitt. Allmählige Entwickelung der Religion. Unentbehrlichkeit derselben. Vollendung durch Christum. 21

Dritter Abschnitt. Ueber Aufklärung, ihren bisherigen Gang und Folgen. 32

Vierter Abschnitt. Ueber äussere und innere Beweisart. 41

Fünfter Abschnitt. Religion. 44

Sechster Abschnitt. Princip der Religionsforschung. 56

Siebenter Abschnitt. Sittenlehre Jesu. 61

Achter Abschnitt. Freiheit. 97

            Neun=

Neunter Abschnitt. Das Gesetz der Freiheit ist erstes
 und höchstes Gesetz des Christenthums. 120

Zehnter Abschnitt. Uebersinnliches Daseyn und Un=
 sterblichkeit. 137

Elfter Abschnitt. Daseyn und Erkenntniß Gottes. 143

Zwölfter Abschnitt. Das höchste Gut freier Wesen. 160

Dreizehnter Abschnitt. Gnade Gottes. 171

Vierzehnter Abschnitt. Stuffengang des Fürwahr=
 haltens im Christenthum. 186

Funfzehnter Abschnitt. Verhältniß der Glückseligkeit
 zur Sittlichkeit. 196

Sechzehnter Abschnitt. Rekapitulation. 211

Erster Anhang. Schwärmerei und Naturalismus. 216

Zweiter Anhang. Einige Einwendungen betreffend. 225

www.ingramcontent.com/pod-product-compliance
Lightning Source LLC
Chambersburg PA
CBHW031731230426
43669CB00007B/321